Fast Girl

A Life Spent Running from Madness

走出疯狂

田径女星的躁郁自救之路

［美］苏茜·菲沃·汉密尔顿◎著
姜忠伟◎译

中国友谊出版公司

图书在版编目（C I P）数据

走出疯狂：田径女星的躁郁自救之路 / (美) 苏茜·菲沃·汉密尔顿著；姜忠伟译. -- 北京：中国友谊出版公司, 2017.8
书名原文: Fast Girl: A Life Spent Running from Madness
ISBN 978-7-5057-4043-3

Ⅰ. ①走… Ⅱ. ①苏… ②姜… Ⅲ. ①苏茜·菲沃·汉密尔顿-回忆录 Ⅳ. ①K837.125.47

中国版本图书馆 CIP 数据核字(2017)第 105008 号

著作权合同登记　图字：01-2017-3977

书名 走出疯狂：田径女星的躁郁自救之路
作者 【美】苏茜·菲沃·汉密尔顿
译者 姜忠伟
出版 中国友谊出版公司
发行 中国友谊出版公司
经销 新华书店
印刷 北京鹏润伟业印刷有限公司
规格 880×1230 毫米　32 开
8 印张　190 千字
版次 2017 年 8 月第 1 版
印次 2017 年 8 月第 1 次印刷
书号 ISBN 978-7-5057-4043-3
定价 39.00 元
地址 北京市朝阳区西坝河南里 17 号楼
邮编 100028
电话 (010)64668676

序言：躁郁症

从永利大酒店的豪华套房出来，我还沉浸在刚才跟客户幽会产生的亢奋之中，全身颤抖不止。我喜欢站在川普大厦的新公寓窗前，俯瞰拉斯维加斯不夜城的梦幻霓虹，但现在我还不想回去。身体里正燃烧着熊熊焰火，我是胜利者，我感觉自己拥有这座城市，所以我要出去逛逛，来尽情释放自己。走过熟悉的时装秀购物中心，我的高跟鞋踩在光亮的大理石地面上并发出清脆响声。周围的一切都在激扬跳跃，就像血管里奔涌的鲜血。我的身体仍沉浸在快感之中，但这还不够，我渴望更多。

这种感觉比赢得比赛还好，更比在奥运赛场上跟人竞争好。如果我的朋友和对手们能体验到这种感觉的话，她们一定也会深陷其中。她们为什么还要执迷于跑步呢？如果我能早点体验到这非同一般的感觉的话，我就不会将时间浪费在跑步上了。

一旦回到威斯康星州，生活又会重回原轨，所以最近我已经很少回家了。我现在的身份是凯利，拉斯维加斯最炙手可热、受人追捧的应召女郎之一。而曾经的职业运动员、房地产经纪人苏茜已经消失了。

我又想起刚才待了两个小时的那间豪华顶楼套房，奢华的沙发、昏暗的灯光和深沉的夜色将酷暑和灯光都隔绝在外边。这是我跟这个潇洒多金的客户的首次约会，但我一点也不拘束，我直接走进屋里，大胆地吻了他，舌头挑逗着他，身体紧紧地贴在他身上。我想营造一种我是他情人的氛围，让他觉得好像我一直在茶不思饭不想地等着他。起初，他对我的豪放很诧异，但他脸上享受而满足的表情告诉我，策略奏效了。

从浴室里出来时，梳妆台上已经放了一千两百美元现金，交易正式开场。我身上只穿了一件黑色蕾丝胸罩和丁字裤，脚踩六英寸高的高跟鞋。

“天哪。”他被我的身材迷住了，喃喃自语道。

我微笑着，他的赞美让我很受用。

“你能转个身给我看看吗？”他接着说，“你的身材太好了，你是做什么的？”

“我大学时是体操运动员。”我说，这是我最惯常用的借口，因为我娇小但健美的身材跟体操运动员差不多。此外，我发现这样会让客户更加兴奋。上楼前我在楼下酒吧里喝了一杯黑比诺葡萄酒，现在酒劲上涌，我的头开始嗡嗡响，他的恭维更让我兴致高涨。我觉得这一切都如真似幻，自信和激情已经将我完全吞噬。我一把将客户推倒在床，他四肢伸展躺在纯白的床单上，我用行动告诉他谁才是今晚的主宰。他赤身裸体躺在床上，我跨坐在他的身上，面容严肃，粗暴地抓着他的胳膊别在他头顶的枕头堆里。

“不准动胳膊，”我魅惑地笑着说，“即使我把你放开了，你也不准动，能动的时候我会告诉你的。”

能看出来他很喜欢我的做法。他的兴致很高，将掌控权交给我，让我征服他。这跟他平日里道貌岸然、掌握一切的CEO形象截然相反。

“你真让人着迷，”他说，“你的身材比我见过的所有女人都要美。”

我的LV（路易威登，Louis Vuitton）手提袋里放着刚刚花了两个小时挣到的一千两百美金，而且这两个小时里，我干的还是自己喜欢的事情。这些钱就像是一股神秘的力量之源，给我力量让我前进。我走在商场的大理石地面上，优雅自信的步态和清脆悦耳的高跟鞋声吸引了所有男人的目光。一位身着高定西装、满头白发的老绅士一直打量着我，他一眼就看出我是什么人，我也一眼就看出他是什么人。我喜欢这些男人的权势，他们越是腰缠万贯、权高位重，我这种感觉就越强烈。被男人渴望固然好，但被成功男士钦慕的感觉却更好，特别是当他们痴迷于我，并在下一次回到拉斯维加斯继续约我时。从这个人打量我的目光里我就能看出，他认为带我回房间花的钱会物有所值。我喜欢这种无形的语言交流，来拉斯维加斯的这十个月里，我学会如何用身体与男人对话。这种语言我懂，这个男人懂，此时此刻出现在此地的其他人也都懂。

我又想起那晚晚些时候的第二场约会，我头晕得更厉害了，但依然笑容满面，向客户暗示我能给他带来快乐，能实现他的幻想，而不是像家里的黄脸婆一样无趣。这也是我的客户一直对我说的："我真希望我老婆能变得跟你一样，我希望所有女人都能跟你学学。"我努力保持好身材，并陶醉于他们对我的赞美之词，我知道他们这辈子从来没有体验过这么享受的鱼水之欢。

自从变身成为一名应召女郎后，我对在床上获胜的渴望已经超越了之前对赛道的渴望。但现在这样更好，因为我讨厌必须通过比赛获得胜利这种形式。有关应召女郎的一切东西都让人乐在其中。虽然我很想成为应召女郎界的第一，但我从来没有觉得胜利会证明我比其他女人、其他应召女郎或者家庭妇女更强。我跟许多客户相处得十分友好，我们会在一起交流夫妻相处的小诀窍。尽管听起来有些荒谬，其实我真的对那些被丈夫忽略的闺中怨妇们心怀愧疚，我建议客户给他们的妻子买一只振动棒或者回家跟妻子尝试一下我跟他们玩的这些花样。我在做自己喜欢做的事，拿该拿的报酬，尽可能地帮助那些需要帮助的人。我停在LV门店的玻璃窗前打量陈列品，我现在很有钱，可以随心所欲干自己喜欢干的事情。我觉得应该犒劳一下自己了，这一刻我心中没有想到任何人——丈夫或家庭。我只想要买下那个两千美金的手提袋。

我打开门走进去，有个相貌姣好、衣着得体的女导购看了我一眼，立刻过来为我服务。

“我要买那只包。”我指着陈列架前那只吸引我注意的手提袋。

“我也很喜欢那只手提袋，”她说，“这是上个星期刚到的新款。”

她像那些男人一样上下打量着我，我明白她知道我是干什么的，但我不在乎。我能感觉到她对我着装得体、头发秀美、妆容精致的羡慕。我从钱包里拿出两千美元给她，她并没有被我大方的出手吓到，只是将我的手提袋用包装纸包装好后放入LV的购物袋里。我从店里出来，朝酒吧走去，我离成功又近了一步。

自从化名凯利以来，我每次去拉斯维加斯，外形都会大变样。我想将自己打造成梦幻顶级应召女郎该有的样子。我现在是拉斯维加斯排名第二的最受欢迎应召女郎，在向第一发起冲锋之前，我首先得让自己看起来有成为第一名的资格和实力。自从知道这个榜单的存在，我就念念不忘要提升自己的名次。排名由顾客打分、业余爱好者品评和专人逐一拜访共同决定，其中第三点权重最大。我总是让顾客给我打分评论，有时候甚至会免费陪他们一小会，以博取好感。在不懈努力之下，我的排名自然上升得很快，但我还不太满足。

我要让自己变得更美，我将自己铂金色如瀑布一般的秀发披散在肩膀上，我会去拉斯维加斯一个医生那里打肉毒杆菌，以紧致我的面部皮肤，我还会去贝弗利山做面部化学去皮美容。现在的我每天都用大量化妆品打扮自己，偶尔还会在与客户见面之前去高档化妆品销售专柜寻求专业咨询与建议。我戴着又长又美的假睫毛，精心修剪的指甲擦着大红的指甲油，这让我看起来格外有魅力。我经常去喷雾晒肤沙龙，将四肢晒出健康的小麦色。食欲不振的时候，我平常的衣服尺码就会偏大，这时候能满足我的只有欲望。今天我穿的是我最喜欢的荷芙妮格品牌的女装——亮红色的紧身连衣裙，衣服在身上就像第二层皮肤一样。

我不想回到原来的生活，现在不想，以后也不想。

目录

14. 我知道你是谁 / 172

马克说的事情不幸被言中，我讨厌这种感觉，讨厌自己以前的身份总是如影随形。但我不担心，我知道自己属于这个世界，只要我在这里，事情就不会发展到不可收拾。

15. 极端 / 178

看着这张表，我感觉就像自己的性格描述：心绪不稳、易怒、不想睡觉、想法跳跃以及自大和挥金如土。但这些都不是最能与我产生共鸣的，过度渴求性才是我内心最深的欲望。

16. 权宜婚姻 / 186

我之所以还坚持这段婚姻是因为马克是我的丈夫，保持婚姻的形式让我有一种归属感，我们还有女儿、父母、生意，所以我们不能离婚，除非实在没有选择的余地。

17.麻木 / 194

“你得去看看心理医生，你以前有过抑郁病史。”马克说。我跟他说我很快乐，他却对我说我得去看心理医生。他以为自己是谁?

18.嫁给我 / 200

“我会给你想要的一切，礼物、度假等等。凡是你丈夫满足不了你的，我都可以做到，你再也不用待在维加斯做这个了。”

19. 我的真实身份 / 212

我不知道自己为什么要哭泣，内心里我还是不能相信自己的事情最后会曝光。那一段时间我的行为越来越疯狂，而潜意识里逃避现实不去想这个问题。

20. 烟枪爆料网 / 222

但等我仔细打量一下这个男人之后，我发现事情有点不大对劲，一种不祥的预感爬上心头。马克几个月以来一直在告诫我的事情终于发生了。

21.曝光 / 230

一个新的想法出现在我脑海中：我现在打开车门冲出去，让自己的身体在沥青马路上翻滚，然后后面的车飞驰过来将我撞飞，这样一切瞬间就会终结。让我死吧。

尾声 进展 / 236

当双脚踩在地面那一刻，我感觉很平和，感觉我是自己人生的主宰，过着自己渴望的生活，而不是别人想要我怎样做或我为自己的幻想营造的生活。

鸣谢 / 240

≈fast girl≈

我之所以奔跑不是因为健身老师告诉我要这么做，而是因为我的身体渴望奔跑，我追求的是单纯跑步的乐趣。当我在树林里奔跑时，头顶的树枝随风摇摆，让我感觉自然从未离我如此之近。我的脚步越来越轻快，我享受这种感觉并乐在其中，脸上绽放出快乐的微笑。我忘了自己为何而来，忘了所有事情，像骏马一般疾驰而去，永不止步。

≈≈≈≈≈≈≈≈≈

1

飞翔的感觉

我的童年时光是在斯蒂文斯伯恩特度过的，那时最美好的记忆就是跟小伙伴一起流连在威斯康星河两岸的河岸上。阳光明媚的秋日里，我会跟小伙伴一起走在树影斑驳的橡木树下寻找枯枝来搭建堡垒。这种形如印第安帐篷的堡垒是女孩专属，躲藏其中就像隐藏在自己的私密世界中。男孩如果想要进来得有密码才行，但我们是绝不会告诉他们的。秋风袭人，找枯树枝的我不禁打了个冷战，当我抬起头看向远处的铁轨时，我希望能找到一些树枝，同时心里也在想，如果我跑起来就不会觉得冷了。

“我去找点好的树枝。”我对同伴说。

同伴点头，然后我们分开搜寻不同的区域。一直以来，只要心血来潮我就想要奔跑，我也不明白自己为什么会向同伴撒谎，但这已经不重要了，重要的是我在飞翔。

我跑得越来越快，脚下的鞋与地上干枯的树叶发出沙沙的摩擦声。一路跑过之后，枯死的干树叶、散落的橡树子还有掉落的小细枝飞扬在崎岖的林间小路上。脚踩在这样的地面上让人有一种踏实感，我甚至都不用低头看路面。我不断加速，逐渐体会到一种异样的感觉：心情舒畅平和、非常宁静。

我在上健身课跑步时总是用脚尖着地，而不是像其他人一样用脚掌着地。那时我总是把自己想象成一个芭蕾舞女演员，因为她们也总是立着脚尖走路。但今天，当我跑在熟悉的道路上时，我的身体有一种不一样的感觉。我之所以奔跑不是因为健身老师告诉我要这么做，而是因为我的身体渴望奔跑，我追求的是单纯跑步的乐趣。当我在树林里奔跑时，头顶的树枝随风摇摆，让我感觉自然从未离我如此之近。我的脚步越来越轻快，我享受这种感觉并乐在其中，脸上绽放出快乐的微笑。我忘了自己为何而来，忘了所有事情，像骏马一般疾驰而去，永不止步。当脑子里想起自己是来找树枝时，我已经跑出去快一英里了。我的朋友找不到我的话可能会很担心，我必须马上回去，但我不会告诉她们刚才在奔跑。远处传来她们喊我的声音，我再次开始奔跑，朝着她们的方向跑去。刚才的境遇好像是在梦中一般，我真的跑得像自己感觉的那么快吗？我自己也不知道答案，但我知道我找到了让自己热爱的新乐趣，那就是跑步。

对我来说，发现跑步的爱好是一种莫大的解脱，因为我天生精力旺盛、思想活跃，无法待在学校里安静地读书或学习，对任何事情都无法保持长久的注意力。我从来都坐不住，总是想干点什么，不管是夏天清理草坪，冬天扫雪还是父母不在家时大扫除擦地板，我就是想动起来。我的父母对待工作非常勤恳，我们几个在耳濡目染之下也是如此，尤其是我，总是想要让自己的父亲母亲感到快乐，所以当我坐不住时就会干一些力所能及的活让他们高兴。年纪大一点之后，我发现做连续的运动能放空自己，让身心处于一种平和的状态。如果我坐着不动，焦虑和自我怀疑就会不断折磨我，只有在把自己折腾得精疲力竭之后，我才能暂时摆脱这种状态。

所有运动中，跑步是让我感觉最舒服的，而且我擅长跑步。我的家里人都热爱体育运动，尤其是父亲极具运动天赋，高中时他是跳台滑雪运动员和撑竿跳选手，他最喜欢向我们讲述他是怎么撑杆跳过学校围墙，只有腿被铁丝网缠住的事迹。我父亲从小住在威斯康星州的农村，爷爷是个酒鬼，他喝醉之后就会耍酒疯。为了摆脱这种贫穷混乱的家庭环境，父亲参加海军成为一名水兵，这时期他开始玩拳击，并且最终打到海军金手套业余拳击大赛。

父亲似乎总是喜欢玩些跳来跳去的运动，只有跳伞让他极其恐惧，他曾发誓这辈子都不会跳伞。从海军退役之后，父亲上了大学并与我的母亲邂逅。他们结婚时，日子过得十分困难，只能住在一辆拖车里，两个人的钱加起来只够支付一个人的学费。所以我父亲决定掷硬币来决定谁上学谁退学，如果正面朝上，那我母亲就继续学习护理，以后成为一名护士；如果反面朝上，我的父亲就继续学习工业设计，以后成为一名平面设计师。最后的结果是硬币反面朝上，所以我的母亲要退学。但天无绝人之路，事情出现了转机，母亲的教授认为她有成为一名护士照顾人的天赋，所以决定资助她继续追寻自己的梦想。我母亲从业多年一直尽职尽责，充分发挥她照顾人的天赋，这一点在她抚养我们兄弟姐妹上也都有所体现：我的大哥丹比我大六岁，二姐嘉莉比我大五岁，三姐克丽丝比我大一岁，我是老幺。

我跟三姐克丽丝关系最好，她虽然只比我大一岁，但却像个小大人一样照看我。在童年大部分时光里，我们都形影不离。二姐嘉莉比我们俩大得多，跟大哥年纪差不多，所以他们俩经常一起玩，只有父母让她照顾我跟三姐的时候，她才会跟我们一起。

在童年记忆里，父亲一直是一个搞怪活跃的人，他的身材非常健美，没有一丝赘肉，别人不敢尝试的危险活动他都乐此不疲，我活跃的天性就是遗传自他。哥哥丹和我总喜欢跟在父亲身边去冒险。我们三个一起分享创造的乐趣，我喜欢这种感觉，共同的兴趣爱好能给我带来快乐和宁静，而不是焦虑。

父亲天生精力充沛、喜爱冒险，我的童年生活因此变得多姿多彩、非同一般。他经常重复一句话，现在我们已经把它当作我们家的家训：生活是一场大胆的冒险，除此之外别无其他。我们做了一张海报，将这句话镶嵌在复杂的纹章装饰中。他不同于别人家的父亲，他会爬上橡树最高的树枝为我们系秋千，会在晚上十点钟暴风雪的天气里开着除雪机出去扫雪，还会要求我们几个一起帮忙。我父亲的精力十分旺盛，他甚至会在外面待到半夜帮邻居家把雪扫完。我一直觉得自己很幸运，能够拥有这么精彩的家庭生活，相比之下我大部分朋友只是跟家人一起聚在电视机前看电视，我们家绝不会出现这种情况。下雪的时候我父亲跟小孩子一样喜欢跑出去玩，附近有一个出租雪橇的滑道，不用我们开口，父亲就会带我们去那里玩。他会自告奋勇帮我们搭建雪地堡垒，在后院堆积如山的雪堆里挖出一个足以容纳我、克丽丝还有其他小伙伴的雪屋。雪屋的墙壁很厚，我仍害怕它会塌下来将我们埋在里面，但我从来没有向父亲说出自己的恐惧，因为我希望在父亲眼里，我跟他一样勇敢坚强。

父亲为人健谈而友善，喜欢讲故事和扶危济困，他经常会帮助周围邻居干一些力所能及的活。父亲好像擅长他所经手的任何事情，他的本事和展现出来的男性力量会让我跟他在一起的时候有安全感。但父亲也喜欢走极端，一次和他一起探险的经历让我终身难忘。父亲非常喜欢航行，所以我们经常会在周末时带着帆船去威斯康星州中部一个名叫杜贝湖的小湖航行。我不喜欢做航行前的准备工作，当父亲忙着做航行准备时，我一般都坐在岸边玩，比如，把双脚埋到沙子里或不断拍打水面。其实我对航行这件事不太有兴趣，我更喜欢跳到湖中畅游一番，同时小心翼翼躲避水藻的那种感觉。在我的想象中，水藻已经化身为恐怖的卷须，要把我团团缠住拖入水下。

有一次我跟父亲、他挚友还有挚友的儿子一起去游湖，父亲的挚友跟我一样对航行所知寥寥。虽然湖面突然开始起风，但航行一开始还算顺利。

我们将补给品装上船后，父亲开动帆船并以手势向我示意。

"坐到那边去，苏茜。"他说。

我按父亲说的坐到旁边，习惯于在船上听指挥行动。当我们经过湖湾边那片高大的松树林之后，天空开始由晴转阴，湖面上开始起风浪。前面不远处的风浪更急，灰暗的天空开始变成黑色，当我们航行到开阔水域时，大风吹得我们的小船像炮弹一样疾射出去，我紧紧抓着一根绳子才没有被甩出去。

"系紧救生衣！"父亲在狂风中大声呼喊。

我将救生衣使劲系紧，勒得自己都有点喘不过气来了，同时注意到父亲是船上唯一没有穿救生衣的人，只在脚踝上系着两个漂浮气囊。我在父亲眼中看到恐惧的神情，这在此前是从来没有过的，但父亲却决定继续航行不掉头，所以我们只能在湖面上继续前进。父亲一旦心血来潮决定干什么就无法阻止。但那天他的冲动只持续一会儿就结束了，因为我们脚底下的船开始上下颠簸，父亲不得不面对现实，那样的天气实在不适合出游。

“我们要改变方向。”他喊道，想要掉头躲避前方可能会把船掀翻的暴风雨。

之前，我已经有过一次这种经历，我父亲将船舵交给我哥操作，丹做了一个急转弯的动作，然后船就翻了。当时我整个人都蒙了，等我意识过来的时候已经在水下了，身上的帆布拽着我缓缓下沉。我万分恐慌，竭尽全力撕扯着身上的帆布，想把自己释放出来，但帆布沾水之后又湿又沉，我无法摆脱。那一刻我突然想起了父亲曾经说过在这种情况下不能惊慌，要向下游，只有这样才能摆脱帆布的束缚。我求生意志强烈，先向下游脱离帆布的束缚，然后奋力向水面游去。在水下挣扎时我感觉自己的肺像在燃烧一样，一游到水面，我就大口大口地开始喘气。喘完气之后我开始寻找父亲的身影，他是我的守护神，然后父亲用他强壮的胳膊将我拖上船。尽管结局皆大欢喜，但这次经历着实吓着我了。现在我又一次来到这个差点淹死我的小湖，并再次陷入险境。

浪花开始朝船内涌来，船帆被风吹得哗哗作响，父亲奋力挣扎着将船掉头驶向岸边。突然，父亲从我眼前消失了，我向后看去，发现他已落水，狂风怒浪朝他扑面而去。父亲是个老水手了，水下经验十分丰富，但今天的风浪实在太大，远非经验所能抵抗。我注意到漂浮气囊仍然在船上，意识到父亲的处境很危险，但我已经被眼前景象吓得瘫坐在船上，不知道自己该干些什么。*为什么我没有把气囊扔给父亲呢？我痛斥自己。*

当船向岸边驶去时，父亲在后方的身影变得越来越小。他好像在努力游向最近的岸边，但那也有半英里远，还要迎着狂风怒浪游过去。我和船上的人都不知道该怎么驾驶船只掉头去营救他，恐惧和无助将我吞噬，我的父亲马上就要淹死了，但我却一筹莫展，只能眼睁睁看着。我几乎看不到父亲的头露出水面了。*他已经淹死了吗？*恐慌像铁爪一样紧紧抓着我。然后我看到一艘摩托艇朝父亲最后露头的水域驶去，我祈求他们能及时将我父亲救回来。就在我以为自己要永远失去他时，摩托艇赶到他身边将其救上船。看到父亲被从水里拖上船后，我如释重负，我的守护神安全了。

父亲的朋友暂时控制住了我们的船，随后摩托艇赶到我们身边。即使在这么虚弱的情况下，父亲还是成功跳上我们的船。我哭着看他降下帆布，控制船速靠岸。我能看出这次经历对他有很大震动，但却没有让他变得成熟稳重。他天生就是这种静不下来的人。

丹在这方面比我强多了，他总是能跟上父亲的步伐。我们住的地方靠近一个小滑雪场，父亲是滑雪场救护队的一员，所以冬天周末时，我们都会去那里滑雪。我喜欢滑雪，但却不像父亲一样有天赋。他还像年轻时一样充满自信，能够轻松地完成高难度的滑雪动作。丹也很有滑雪天赋，他的水平甚至可以参加滑雪比赛。从他脸上单纯快乐的表情可以看出，他是真的喜欢滑雪时那种追逐速度和肾上腺素飙升的感觉。为了能赶上他们俩，我开始挑战高难度坡道。只是我既不像他们那样敢于冒险，也没有他们的滑雪技能。当站在坡顶时，我吓坏了，不敢滑下去，最终我坐在滑道边缘靠着屁股的摩擦一点一点往下滑。坡道上的雪丘成了我的安全网，每当我累了想喘口气时就抱住它们，然后鼓足勇气接着往下滑，直到坡道底部的平地上。

我也不像丹一样喜欢冒险，尽管我努力想要变得跟他一样，分享他对艺术的喜爱，但我无法做到像他一样喜爱危险活动带来的刺激。随着年龄的增长，他的行为变得愈发古怪，我对他的行为举止讨厌多过喜爱，更别说效仿。他很爱自己高中时的女朋友，当她得了一种名叫瑞氏综合征的罕见疾病病逝后，丹整个人都被击垮了。即使我们告诉他，他的女朋友已经病逝了，他还是执意去明尼阿波利斯找她。他不能忍受没有她的生活，内心坚信自己可以把她带回来。她的死成了丹性格的转折点，当他悲痛得不能自已时，情绪就开始波动，会做出攻击行为。最后他被诊断患有躁郁症，要用休克疗法和锂来治疗。经过治疗的丹好像失去了真实的自我，只剩下一具空壳，他再也不是原来那个神采飞扬的丹了。

丹开车依然疯狂，有一次他骑摩托车急转弯太快，差点撞死自己。我很少跟他一起出去，有一次我坐着他破旧的蓝色小汽车出去玩，他总是捡小路走，车里大声放着快速马车合唱团的歌，他放下车窗，风吹起我的头发，不断抽打着我的脸。当我们到达计划好的探险地时，他变得异常兴奋，就像以前跟父亲一起时一样，但现在总是充斥着额外的担忧和恐惧。虽然我安慰自己丹不会让我冒着生命危险跟他一起胡闹，但心里仍忐忑不安。我时常在想，在丹的脑袋里是不是从来没有死亡这个概念。他二十多岁时就去玩跳伞，我发誓自己这辈子永远都不会干这种事。但这只是丹干过的事的冰山一角，他还做过更多出格的事情。

丹非常喜欢欺负我，不是日常大哥戏弄爱惹麻烦的小妹妹那种欺负，而是非常过分、近乎欺凌。他总是不断逼迫我，让我惊慌失措。我是一个很敏感的人，所以他总是轻而易举就能成功。不知道为什么，他从来不会欺负我姐姐，可能他将嘉莉看作是他在这个家里的同盟，而且嘉莉自从与她高中的男朋友开始约会以来就很少在家了。克丽丝不会像我一样挑战他，而我之所以挑战他，倒不是故意要刺激他，只是因为当时我还不能理解他为什么总是要弄出这么大的噪音。他喜欢皇后乐队的歌，尤其是《现在别阻止我》和《波西米亚狂想曲》这两首。当父母不在家时，他总是把客厅的音响开到很大，一遍又一遍地听这两首歌，直到我再也无法忍受，大步走向客厅，心中满是正义的怒火。

“你能把声音关小点吗?”我在震耳欲聋的音乐声中大声喊。

丹冷冷地盯着我，目光中闪动着可怕的微光，然后把声音开到最大。眼泪开始在我眼眶中打转。

“求你了，丹，”我声音颤抖着说，“关小点吧。”

他依然将音响开到最大，这声音让我感到窒息，除此之外还有他充满挑衅和不友好的目光，那个曾经会在早春寒冷天气给我泳池里注满热水让我游泳的大哥哥不在了。我再也忍不住，泪水夺眶而出，而丹只是在旁边冷冷地看着我。当然，现在我明白丹变成这样都是因为他的病，但那时我实在无法忍受他的行为，所以我跑去给母亲打电话告状。这种打小报告的行为更加激怒了丹，他对我变本加厉以证明自己不会屈服。夏天，在祖母的院子里，他在我面前挥舞一条蛇，吓得我满院子奔跑哀号。秋天，坏死的向日葵看起来就像烧坏的眼睛，当他拿着向日葵追赶我的时候，总会把我吓得哭爹喊娘。但不论是我还是我的父母说什么做什么，都无法让他收敛自己的行为，反而让他变本加厉。

20 世纪 70 年代中期，汉堡王推出过一支傻乎乎的广告口水歌“我选我味”(have it your way)，丹很喜欢这首歌。

放学后，家里只有我们两个人，父母都在工作还没回家。我在厨房想找块奶油夹心饼吃，丹突然冲进来推我，直到将我挤到橱柜跟前。

“我选我味，苏茜，”他一脸柔情地对我唱着，手里假装拿着一个麦克风，“我选我味，在汉堡王吃出自己的味道。”

“丹，够了！停下!”我喊道。

“拥有泡菜、生菜等特殊口味，汉堡王满足你的一切需求。”他继续唱着，完全无视我的哀求。

“丹，我不是在跟你闹着玩。”我对他说，嘴唇颤抖着开始流泪。作为一个孩子，我很容易就哭了起来，这给了丹更大的乐趣。可能因为我是家里最小的孩子，而丹又比我大这么多，所以在没有办法的时候我只能选择向父母告状。父母总是会站在我这一边，所以我对父母的保护期待更大。

他转身露出了一个小缝让我过去，但还没等我走出餐厅，他又跟在我后面，一遍又一遍唱着那首听起来很傻的歌，不管我到哪个房间。

“我要打电话给母亲了。”我哭道。

“我选我味。”他继续唱歌，无视我的眼泪和威胁。

我感觉自己别无他法，丹就像播放磁带一样活泼愉快地唱着歌。我打电话给母亲，电话接通后我就放声痛哭，抽噎着说不出话来。母亲听后很担心，但却又无可奈何，她正在医院里工作，这时候没有什么能够阻止丹疯狂的举动。日复一日，丹的病情愈发严重，甚至药物治疗时也会发病。

我父亲总是满怀期待丹能够像他一样保持自制，所以当丹无法克制自己时，他就会大发雷霆。

一天晚上我父亲面带不悦地回家了，因为我又在母亲上班时打电话向她告状。我们全家六口人都坐在桌子跟前，可是丹还在做小动作，这让父亲很生气。

“丹，停下，”父亲说，“我们一家人要坐在一起享受一顿温馨的晚餐。”

丹就像平常一样，只要开始动起来就无法让他停下，他继续做着小动作。

“丹，回你房间去！”父亲生气地说。

丹既没有起身回屋，也没有收敛自己的行为，父亲生气地抓起他的餐盘扔向对面的墙，粉碎的餐盘将墙纸砸出一个个小洞。然后父亲抓起丹将他拖回房间，“砰”的一声将门关上。我们其他几个人一声不吭地坐在桌前低着头，眼前的食物一点没动。现在暴怒的这个人一点也不像我平常认识的父亲，在我心中，父亲虽然总是精力四射、活泼好动，但他在生活中总是严格自制，他在海军生活中养成的习惯在生活中保持了下来。他在家里会给我们每个人指定固定的吃饭座位，家里人一起用一个洗涮间，每个人早晨都按照顺序使用，限时三分钟。我以前也见过丹跟父亲打闹，但都没有这次这么严重。家里静悄悄的，没有一个人说话，只有我啜泣吸鼻子的声音。

丹开始进行自我治疗，许多患有精神疾病的人都会这么做。有一天我跟母亲一起去杂货店购物，回家后发现他昏倒在地板上，手里还抓着一个空伏特加瓶子。我们被眼前的情景吓坏了，这是我第一次看见丹变成这个样子，但我知道这样的事情肯定发生过不止一次了。确诊得了躁郁症对消除他内心的阴暗想法没有任何帮助，我们都担心饮酒过度会让他变得好斗和不顾后果。现在我哥哥已经搬到地下室去住了，又有一次我表哥和父亲发现他待在自己原来的卧室里，身边是一个空酒瓶，他正用一把猎枪顶着自己的头，那是以前他跟父亲一起打鸟时用的。当表哥叫他名字的时候，他一声不吭，然后我父亲冲进来把他手里的枪夺了下来。事后家里没人再提过这件事，但这件事却给每个人都带来痛苦，一股阴云开始笼罩着家里。即使作为家里最小的孩子，我也开始感受到那股窒息的氛围和深深的孤独感。我大姐年纪大了很少待在家里，偶尔待在家里时，她跟丹也能和睦相处，这种感情是从他们小时候作为家里仅有的两个孩子时积累的。克丽丝只比我大一岁，我们关系比较亲密，但她也开始出去玩来躲避眼前的痛苦。

在我眼里，我们家是带着隐秘伤痛的温馨家庭，我们不会说出自己的恐惧，特别是当丹变得狂躁或者父亲爆发怒火时。我的母亲一如既往扮演着护士的角色，她会照顾人身体的创伤，但却不知道如何治愈他们内心的伤痛。我尽管被家里其他人溺爱，但仍然要承受丹的欺凌。我们都假装这是个温馨和谐的正常家庭，然而表象之下一切都不正常。我想要抚平哥哥带给这个家庭的伤痛，想要父母开心快乐，所以我要变完美，只有完美才能掩盖这一切。

≈fast girl≈

我是想赢得比赛，我也喜欢赢比赛的感觉。但这只是表面现象，深层原因是我需要赢得比赛。即使是站在领奖台上领金牌时，我的脑子里也总是反复回荡着一个想法：我必须赢得自己参加的每一场比赛，已经没有退路了。如果我输了，父母、教练还有社区里所有人都会失望。我不能输。

≈≈≈≈≈≈≈≈

2

跑步的快乐

我喜欢跑步时的那种感觉，非常纯粹，只有我的身体和我自己参与其中。我能够掌控跑步的结果，而其他人都不能。我不必担心自己会像玩篮球时那样让队友失望，我跑得太快、身体协调性不好，所以不适合玩篮球。我也不喜欢体操，我的身体无法像其他女孩一样柔软伸展，即使勤奋苦练也赶不上她们。

每年我们学校都会举办小学田径运动会，地区所有的小学都会参加。我当时报名参加400米赛跑，那次跑步可能是我一生中最美妙的时刻了。就像在树林里奔跑那次一样，我在赛场跑起来一点也不累，还越跑越快。当我跑过最后一个弯道时，我发现自己已经超越大部队至少75米了。

看台上坐满了来自各个学校的学生，当进入最后百米冲刺时，我经过我们学校同学的座席，当他们看到我马上就要以如此巨大的优势冲过终点赢得比赛时，气氛马上被点燃了，他们在我跑过去的时候疯狂呼喊着我的名字：“苏茜！苏茜！苏茜！”

很快看台上所有人都开始被这种气氛感染，他们呼喊我的名字。一种自豪而喜悦的心情在我内心开始膨胀，我将其他人远远甩在后边，快速冲过终点线，感觉到胜利的鼓点击打着我的胸膛。当我慢慢减速停止后，我看向看台，那里每个人都在看着我，疯狂地尖叫和鼓掌。*哦，我的天啊，这些人都是在为我而欢呼。* 转瞬之间，胜利转变成一种自我认知，他们都在看着我。

我已经找到自己热爱的东西了，这就是我要做的。这之后，我只要有空就跑步。现在我那股想要动起来的欲望可以通过跑步发泄了，而不是像以前一样疯狂地进行家庭大扫除或玩游戏之类的。

我七年级的时候加入了学校田径队，那时我才第一次知道训练的概念。所有的事情都变得不同了。我比队里其他姑娘跑得快太多了，所以教练安排我跟男生一起训练，这更有挑战性。但也就仅此而已了，因为很快，我跑得比大部分男生都快。我不喜欢像这样被挑选出来，这让我在训练的时候有一种焦虑感。但我还是喜欢跑步，以前我努力想要跟上父亲和哥哥前进的步伐，但现在不一样，我是在跟同龄人竞争，情况变得更复杂。我想要赢得胜利，我也知道自己的天赋让我与众不同。与众不同所获得的待遇也会跟别人不一样，但我更喜欢跟大家混在一起的感觉。谢天谢地，这时我姐姐克丽丝加入了田径队，她也有跑步的天分，只是不像我这么突出，她也不像我一样痴迷于胜利。我们的关系还是非常亲密，有她在，训练总会变得充满乐趣。我们会跟队友一起互相打闹逗乐，拽对方短裤，然后笑得前仰后合。

父母非常支持我跑步，他们风雨无阻地参加我所有的比赛。我父亲借公司的车拉着我们田径队到其他州比赛。父母对我跑步获得的夸奖和赞美感到非常骄傲，我明白自己能够暂时让他们忘掉丹带来的压力和恐惧心情。这让我更加渴望胜利，我不能让他们失望，更不能把事弄砸了。克丽丝一直无怨无悔地默默帮助我，为我付出，但我却从没想过回报，我的内心除了第一再也容不下别的东西了。有一次我们俩一起参加一个越野跑比赛，因为天气原因，我的眼镜变得雾蒙蒙的，所以速度下降了。克丽丝当时一直待在我的身边，引导着我慢慢跑过跑道。终点就在眼前，对胜利的渴望让我忘了姐妹情深，我加速跑过终点赢得冠军。那时候我从没想过这有什么不对，只要能赢，别的一切都不重要。今天回首这一切时，我才感受到克丽丝当时的行为是多么无私。

我全身心地投入到跑步事业中，沉浸于跑步给我带来的快乐之中。跑步是我对这个世界无声的回应。丹的病情越发严重，家里的气氛也更加紧张，每当这时我就加倍苦练，赢得更多比赛。我在外面训练和比赛的时间越来越多，也就不太有机会面对家里的悲伤氛围。但这却并没有给我带来任何解脱，焦虑以及由此造成的内心隐忧让我更加努力，这已经变成了我的人生模式。但不管怎样，我从没有跟家人说过自己的心理问题，而且由于经常要参与训练，我也没时间吐露心声。年纪渐长之后，我得到更多人的关注，胜利也变成一件更加复杂的事情。我在斯蒂文斯伯恩特高中读书的第一年就赢得了学校和当地的所有跑步比赛。州级比赛时我以一英里的优势夺冠，越野跑时是两英里，大约3200米。我父母和家乡父老都欣喜若狂，只有我一个人痛苦不堪。

我是想赢得比赛，我也喜欢赢比赛的感觉。但这只是表面现象，深层原因是我需要赢得比赛。即使是站在领奖台上领金牌时，我的脑子里也总是反复回荡着一个想法：我必须赢得自己参加的每一场比赛，已经没有退路了。如果我输了，父母、教练还有社区里所有人都会失望。我不能输。

我的生活从此陷入一种恶性循环中。越深陷其中，我跑得就越快，名声追随着脚步的步伐而来，这种名声反过来更加深了我对跑步的痴迷。很快就连胜利都不能让我满足了。

高二暑假时，1984 年夏季奥运会在洛杉矶召开。参加奥运会是我一直以来的梦想，从我参加比赛以来就如此了。所以参加奥运会成为另一件让我痴迷的事情。

我刚刚在全国青年锦标赛中以创纪录的四分十九秒成绩夺得 1500 米冠军。那一年，为了让青年运动员提前感受国际大赛的氛围，国家青年锦标赛的成绩与奥运选拔赛挂钩。国际大赛意味着更多的观众、更严密的安保措施，还有，我会与各路名将一起竞争。

赛前，教练带我去热身跑道做拉伸舒展运动，其他奥运选手也都在这里活动。我站在教练身边，怯怯地看着这场景。

“好了，苏茜，开始热身吧。”他边说边对身旁的选手点头示意。

我全身僵住了。我竟然跟自己一直崇拜的奥运名将站在一起，我算什么呢？

“我不配进去。”我说，羞愧且自卑地低下了头。

“你当然配，苏茜，”教练说，“你可是全国青年锦标赛的冠军。”

我没有听他的话，而是离开了跑道。教练无法理解我内心真实的想法，没有人能够理解。我知道自己随时都有失败的可能，我知道自己还不够好、不够强大，但教练却不明白这些，他有些糊涂也有点泄气，但最后还是让我在自己喜欢的地方——公园小道热身了。

即使如此，当我看到自己钦慕已久的跑步名将在赛场上受万众瞩目、飞奔而过时，我知道这就是我想要的感觉。我决定不惜一切代价实现这一梦想，学校、爱情、家庭，任何阻挡这一目标的人或事都要为此让道。

高中前两年参加的大部分越野跑比赛里，我都以巨大的优势夺冠。换成一般人，他们肯定会为此骄傲自豪，但恰恰相反，比赛成了我的恐惧之源。每场比赛之前，我都胡思乱想，特别是赛前几个小时，我的胃会抽搐，脑子里只有一个想法：如果我的腿断了，那么就不用参加比赛了。

不止我一个人有这种想法。我高二的时候，全国顶级的大学生运动员，二十一岁的小凯西·奥姆斯比在参加全国大学生体育联合会户外田径锦标赛时落到第四名，当她发现获胜无望之后突然冲出跑道，从一座桥上跳下去了，她自杀没有成功但却全身瘫痪。这在田径圈里引起巨大轰动，许多人都被这个消息惊呆了。我当时还很小，一根筋地相信我与凯西有相同的宿命。我没有向任何人说过这种想法，只是低下头，更加刻苦地训练，暗示自己永远不会在任何比赛中落到第四名的位置。

我计划晨跑时额外增加几公里，但跑了几次却很难完成任务。因为这样我早晨六点就得起来跑步，上完一天的课之后，还要跟队训练。所以我开始在午间休息时跑步，我一般只吃个苹果就去跑步，这时我的朋友们正在食堂里跟男生打闹、计划聚会或者夜饮之类的。克丽丝不想增加额外的训练量，我们开始不像以前那样总是在一起了。我父亲曾问过是否能跟我一起跑步，但他不知道这样只会给我增加更多的压力，所以我拒绝了。我努力通过其他方式获得他的夸奖，像洗熨衣服这些家务活。我一直很喜欢艺术，所以我在学校里很喜欢上艺术课，希望父亲能喜欢我的小创作。他给我们几个做了高跷，我是玩得最多的人，他买回家的独轮车也只有我学会了怎么骑，有时候我还骑着它上学。我不想让家里人跟我一起跑步，让他们看见我是如何逼迫自己拼命跑步的。直到有一天，我母亲在厨房里面带关心地对我说："今天就休息一天吧。"

*这不是个好选择。*我耸肩拒绝，出去跑了十公里。跑步时我一直在胡思乱想：*我还不够快，而且太胖了，我要变得更壮一点才能跑得更快。我不能失败，不然会让教练和家乡父老失望，更重要的是我的父母会很失望。*

有一次，我晚上临时为一个单身母亲照顾孩子，她跟我姐姐嘉莉是朋友，那晚她们要一起出去玩。宝宝年纪很小，我去了没一会儿，他就睡着了。

单身母亲向我保证十点会回来，因为第二天我有个重要的比赛要参加。我父亲组织了这场比赛，在只有两万八千人的小镇子上，这场比赛算是个盛事。在自己的家乡参加我父亲组织的比赛，我非赢得胜利不可。九点半的时候我躺在沙发上眯着眼，等我下次再看表的时候已经十点半了，而那个女人还没有回来。内心的黑暗开始侵蚀我：*你为什么还不回来？你不回来，我就没法回家睡觉，我会输掉明天的比赛的。我父亲会很难堪，整个镇子的人都会失望的。*我努力闭上眼，我内心有负罪感，因为我是来这儿照顾孩子的，不是来睡觉的。但我明天还有比赛，必须要得到充足的睡眠。最后我还是慢慢陷入睡眠中。不知怎么回事，当我睡着时，我离开沙发，打开门，我当时能清晰地看到自己的手旋转门把手。

然后我就开始奔跑，梦游中我感觉自己是醒着的，双腿在我身下自由奔跑。那天晚上天色很黑，雾蒙蒙的一片。我跑过一个又一个路灯，步伐不断加快。

我感觉自己是在一个噩梦中不断奔跑却找不到出路。恐慌的浪潮汹涌袭来，但我却没法停下自己的脚步。它们都有自己的意志。*天哪，我刚才做了什么？我把那个宝宝一个人扔在家里了。*

我想要跑回去，但却停不下来，我现在能做的所有事情只有奔跑。跑到离家近半英里的地方时，我几近歇斯底里。我冲进屋里跑到父母的卧室去，扑倒在母亲的怀里大声哭泣。

“妈，我把那个小孩扔在他家里了。”我泣不成声。

母亲惊讶地坐起来。

这会儿父母两个人都醒了，我父亲起来穿好衣服后将我带进厨房，问清事情后，他开车带着我回到那个女人的房子。我很害怕那个孩子出现什么意外，等我们到达后，我鼓起勇气颤抖地打开了门，然后往里瞥了一眼：谢天谢地，孩子就跟我离开前一样在摇篮里香甜地睡着。然后我父亲让我坐在沙发上，给我倒了一杯水，又拿过一本书给我看。虽然孩子没事，但我的内心仍不能平静。我无法释怀自己的所作所为，心怦怦直跳。单身母亲过了一会儿就回来了，当我向她坦白错误时，她很生气，但看到儿子无恙又释怀了。这一风波就此告一段落。

最后，我回到家很快进入梦乡。第二天我准时起床，然后赢得比赛冠军。

虽然我感觉自己整个人都要失控了，但至少还有一件事能做主：吃饭，或者更准确地说，基本上不吃饭。如果我父母逼我多吃点，我反而会吃得更少。因为训练任务非常重加上吃得少，我总是非常饿，但我没想过这一点，我吃得越少跑得就越快，这个结果最重要。

那时我最大的目标是能上一个田径实力雄厚的大学。我见很多大学生运动员比我瘦得多，她们看起来好像得了厌食症，我也想跟她们一样。我尽量饿着自己，但繁重的训练任务让我难以为继，所以我得了神经性暴食症。我的身体相应产生一套复杂的机制，当我暴饮暴食一整盘巧克力饼或意大利面后，我会想办法把它们排泄掉，这样我的身体就可以获得糖分而不会变胖了。通便之后的感觉比暴饮暴食的感觉还痛苦，这是一个恶性循环，我小心翼翼地将其隐藏起来。我父母显然对此也有些怀疑，但他们却什么都没说，如果他们问的话我一定会大发雷霆。所以我的父母缄口不言，这就是我们家独有的家庭文化，我是家里最让父母骄傲的孩子，他们永远不会做任何让我生气的事。

这段时期，我跟经常一起比赛的科罗拉多选手成了朋友，我们一起参加过多次全国大赛，并且莫名其妙地意识到彼此怀有相同的秘密。我们在比赛和书信交往中相互坦诚暴饮暴食和通便减肥的事情。她是唯一一个知道并认同我行为的人。我们俩的友情让我获得安全感，这让我感觉自己在做的事情是安全的、对自己好的。她是个很棒的田径运动员，她也会在吃掉东西之后又吐出来，所以很明显我这么做没什么错。呕吐和强迫症成为我们俩之间友谊的纽带。

申请大学时，我一开始想去加利福尼亚的大学，我想体验一种完全不同于威斯康星州的生活。因为我是赛场新贵，包括斯坦福在内的许多大学向我抛出橄榄枝，我的第一选择是加州大学伯克利分校。我的父母不懂考进一个像斯坦福这样的名校会给我带来多大帮助，所以他们建议我去斯蒂文斯伯恩特一家很普通的小学校，这样我就可以离家近一点。我知道如果自己不去顶尖名校接受顶尖训练，那这辈子都没机会跟顶尖选手同台竞技，所以跑步再一次使我远离家庭，只是这一次更远。当我开始递交申请材料时，才发现自己的绩点太低，很多学校都去不了。去加州伯克利几乎无望，尽管他们也很想要我，但还是明说要录取我很困难。

然后我碰到了彼得·特根，他是威斯康星大学女子田径队的教练，来自东德。这个人非常有能力，是全国最好的教练之一。威斯康星大学以前举办过一个夏季跑步训练营，专门训练全州高中最优秀的选手。我连续好几年都参加过这个夏令营，所以我跟他认识，他也给了我很多指导。克丽丝今年刚上这所大学，也参加了田径队，所以我经常有机会见到彼得。全队所有的队员都对他非常崇敬，当彼得走进来时，所有人马上停止说话或玩乐。当他开始讲话时每个人都会认真倾听，我印象最深的是他如何使运动员成功。我还喜欢他不像其他大学的人那样疯狂地想要拉拢我，他不是那种爱出风头或者炫耀的人，这使我更加坚信他就是我理想中的教练。威斯康星大学刚赢得全国越野锦标赛冠军，这更加吸引我加入其中，成为他们中的一员。威斯康星州的父老乡亲们都以我为荣，并且一直支持着我的跑步事业，我又怎么能够不在自己家乡的大学读书呢？此外彼得还告诉我，玛丽也要就读威斯康星大学，她还获得了全额奖学金。玛丽也是威斯康星人，我跟她是在州赛时认识的。这让我立马下决心就读威斯康星大学，“在哪儿签合同?”我问，心里已经开始筹划着怎么装饰我跟玛丽的宿舍了。

我也获得了全额奖学金，麦迪逊距斯蒂文斯伯恩特只有两个小时车程，所以我还是可以经常回家，也比其他大学生更加自由。

为了家庭和威斯康星，我放弃了加州伯克利而选择威斯康星大学，当时我全身心只关注这两件事，而没有意识到眼界被局限在一个狭窄的范围。80 年代的威斯康星还是一个民风淳朴、充满50年代气息的地方。家家户户都不锁门，人们守望相助、互相照顾。人们关心自己的家庭、教会，还有地域自豪感，这也是为什么大学甚至是高中运动员会获得如此多关注的原因。但除此之外，这里无所称道。

那时，这里的人对身患精神疾病的人还带有歧视，他们称其为疯子，疯子只能被关进疯人院。我不喜欢这样，但有时候我觉得丹应该关进疯人院。我父母曾问过我想不想去看一下精神病医生，看看我的饮食问题，还有丹的病对我是否有什么影响，我很震惊。

“我绝不去，”我说，“我永远不会去看精神病医生。”

在我成长的70年代，人们很少讨论精神类疾病。要知道，精神病人被永久隔离放逐在收容所，被家人遗忘也不过是数年之前的事情。一些病人还被施以前脑叶白质切除术等恐怖治疗，这在今天看来十分残忍，只有恐怖片里才会出现这种事情。在我成年那会儿，即使人们不会这么残忍地对待病人了，但身患精神疾病也还是一件十分可耻的事情。在社会上存在一种恐惧以及无知，人们不清楚精神疾病的种类，对其症状所知寥寥，父母、学校和政府也不知道自己该做些什么帮助病人。今天人们谈起抑郁、焦虑、躁郁症就跟谈论糖尿病或癌症一样常见，每个人都知道这些疾病的存在，也知道这些疾病可以获得治疗。

我哥哥很早就开始受到精神疾病的困扰，但直到他被确诊，我们都没有承认或在家里公开讨论过这个问题。我父母很爱丹，也在尽其所能帮助丹克服困难，但他们却无法理解他的处境和疾病。对他们来说，将丹隐藏在幕后并将关注转移到我跟克丽丝身上更简单一些，特别是我跑步天赋逐渐崭露，赢得无数荣誉时，这让他们更加欣慰。可能这是一种普遍的文化形态吧，也可能只是我家独特的否定文化，但我确实觉得，如果我们有勇气公开面对事实，并且有相应的医疗器械、知识来治疗我哥哥的病，我家的情况可能会跟现在完全不同。然而这并不只是精神疾病的问题，困扰我家最严重的问题是那无声的沉默。

≈fast girl≈

过去，我生活在父亲的意志下，现在则在彼得掌控中，他决定什么是我的当务之急，为了胜利我又需要做什么。偶尔我也渴望能发出自己的声音，但渴望完美带来的焦虑却压过了这种想要表达自己的欲望，而且随着青春期到来，男朋友和性带来的冲击也让我恐惧。好像只有暴食症是我唯一能掌控的事情。

≈≈≈≈≈≈≈≈

3

勇往直前

刚一入学，玛丽和我几乎就主宰了整个大学田径队，老队员对此颇多腹诽。我们也知道老队员肯定会有怨言，毕竟两个新人一来就夺走了所有关注的目光，但我们没有想到她们会那么阴险，有个别老队员还偷偷到彼得那里打小报告：“那两个人跑得太快了。”

可对教练来说，我们俩跑得快并不是什么坏消息，她们的抱怨只会让玛丽和我更加坚定信心要成为全队第一。我们知道自己是跑步天才，但我们从没有因此看不起任何人，在训练中我们比任何人都要刻苦。我全身心热爱跑步，这正好与彼得教练的训练哲学相一致。彼得教练是典型的德国人，简朴、自制、顽固。多年以来，他一直因自己的老式做派和对胜利的渴望而招致批评，但这对我来说都不是问题。他有一句口头禅：“我手里没有吃不了苦的废物。”这太对我的胃口了。他手下确实没有废物，从他手里走出来的都是最优秀的大学生女子田径运动员，这也是我唯一想要的。

对全队女生来说，彼得就像是一个父亲的角色，但在玛丽和我眼里，他简直就像神一样无所不能。他用欧洲的方式训练我们比赛，要求不管遇到什么状况都要拼命去跑，不能懈怠。他还教导我们在比赛中要表现得更有攻击性，这对我来说是个新概念。我以前靠节奏跑步——找一个最舒服的姿势，调整自己能承受的最大频率，以这种速度跑完全程。但现在彼得教练强迫我打破自己原来的习惯。我知道，在赛场上跟比自己更强的选手比赛时，改变跑步策略或者表现得更有攻击性有时确实可以起到意想不到的效果。

我在大学里参加的第一场大型比赛是一个室内活动，我感觉自己好像吸引了整个州关注的目光，毕竟我是本地人，并且为加入州立大学放弃了去加州名校的机会。每个人都认为我赢下这场比赛是小菜一碟，但我心里却不这么想。对我来说，这种期望是一种沉重的负担，除了赢之外我已经别无选择，我必须要像以往一样赢得干脆利落。我全程按照彼得的指示去做，最后赢了比赛，事实上，按照彼得指示去做的每场比赛，我都赢了。但在大一的那个秋天，我也受过一次挫，在全国越野跑比赛里，我只拿了第二名。我不习惯拿不到第一名的感觉，一点也不喜欢，但越野跑不是我的专长，所以这对我的打击还不是太大。而且第一名是加拿大人，这意味着在这项赛事里我还是全国最棒的女子选手。我确实输过，但作为大学一年级新生，我一直坚持不懈地逼迫自己成为最优秀的人。

彼得经常表扬表现优秀的队员，我很渴望能得到他的认同，就像小时候渴望得到父亲的夸奖一样。为了让彼得以我为傲，我下决心不让他失望。我是天才少女，我要一直成为第一名。彼得对我的夸奖不出意料地激起其他队员们更多的敌意。被人嫉妒的感觉不怎么好，但说实话，我一点也不在乎。我心中唯一在乎的只有彼得的想法，而彼得只在乎胜利。

彼得训练的初衷是好的，但他非常严厉，不仅在训练中，即使是在比赛时，也要求我们必须按照他布置好的去做。彼得只收最有紧迫感的女选手，比如像我这样为了胜利甘愿牺牲一切的人，所以许多女孩在经历多年这种严酷训练之后都患上饮食障碍综合征。我并不认为训练跟饮食障碍之间有什么明显联系，或者彼得应该为此受指责。20 世纪 80 年代的体育圈跟今天完全不一样，我们都不懂营养学，也不知道这会在比赛中给我们带来什么影响。当时没有针对运动员的膳食指南，也没有蛋白质奶昔或者快速补充能量的能量棒。我们只是一群第一次离开家门的少女罢了，我们不懂膳食均衡，所以我们经常会暴饮暴食，在吃掉一整袋饼干或其他咸的、油腻的、甜的垃圾食品之后又努力将它们排出来。教练和队员都不把神经性厌食症和暴食症当回事，他们不知道这是心理障碍，需要得到治疗。

高中的暴食症到了大学时越发严重，但只要能赢，我是不会改变自己的饮食习惯的，赢得比赛对我来说更加重要。

我想出一个办法来解决暴食症：我会拿着一个纸袋和一个塑料袋去食堂，然后偷偷地在塑料袋子里装满中东部常见的美食——砂锅菜、土豆泥还有巧克力糕饼之类的，再用纸袋把塑料袋套起来，这样谁都不会发现我里面装的什么东西。我趁玛丽不在宿舍的时段偷偷溜回宿舍，自己一个人暴饮暴食，然后我再将食物都吐到塑料袋里，出去的时候扔到走廊的垃圾桶里。宿舍里很多姑娘都在洗手间里催吐，每个人都能听见她们痛苦的声音。但我从来都不想让任何人知道我为了保持纤瘦而采取的手段，我要保持自己完美的形象。

刚吐完的时候，我感觉身体十分糟糕，甚至比没吃东西之前更难受。但很快身体就感觉干净而有秩序，比平常更舒服。过去，我生活在父亲的意志下，现在则在彼得掌控中，他决定什么是我的当务之急，为了胜利我又需要做什么。偶尔我也渴望能发出自己的声音，但渴望完美带来的焦虑却压过了这种想要表达自己的欲望，而且随着青春期到来，男朋友和性带来的冲击也让我恐惧。好像只有暴食症是我唯一能掌控的事情。

虽然已经变得瘦骨嶙峋，我却还是不满足，感觉自己不够瘦，不符合一个完美跑步运动员的体型。我的胸非常大，跑起步来特别显眼，而且也会重心不稳，我觉得自己离完美跑步运动员太遥远。我想尽一切办法来藏起自己的胸。一次教练把我叫进他办公室，给我读他收到的一封信，是田径队一位女粉丝写的："跟苏茜说，跑步时穿两件运动背心会好很多。"

当教练读出这些话时，我羞愧地坐在椅子上，不敢抬头看他，我感觉自己受到了羞辱。我搞不懂为什么这个女人要寄这封信，她知道些什么呢？我穿几件运动背心跟她有什么关系？我努力想成为一个严肃的运动员，为此我每时每刻都在努力训练，而现在我还要为这些流言蜚语和评判而烦恼吗？尽管气愤，但我开始在跑步时穿两件运动背心。

当我得知男子田径队的一名教练偷拍我跑步时的录像，并向男队员展示我胸脯上下跳动的照片时，我的羞耻转变成极度愤怒。这名教练最后得到了惩罚，但我却并没有从这件事的伤害中解脱出来，我自怨自艾地认为这都是我自己的错。

录像事件后不久，我股骨骨折，虽然伤不太严重，但我必须停止训练慢慢休养。我对自己的体重更加敏感，而且更棘手的是我的伤愈合得很慢。在此之前，我从来没考虑过厌食除了能保持纤瘦之外，还会对身体造成其他影响。我从来都不知道身体缺乏某些必需的营养元素会导致不孕或者降低骨密度。受伤后，我开始观察队里其他队员，发现得了厌食症的姑娘受伤的频率会更高。知道这些之后，我还是没想过要停止催吐的行为，因为我感觉现在比以往任何时候更需要控制自己的体重。直到后来在一节营养学课程上，我才知道饮食障碍和受伤之间的必然联系，自己再也不能像以前一样随心所欲忽视这个问题。

除了健康问题，学业问题也给我带来很大困扰。来威斯康星大学前，我的学业导师对我的底细一清二楚，他知道我高中成绩有多么糟糕，也知道凭这个成绩根本上不了大学，即使我跑步的天赋异常耀眼。大一时，我们进行入学测验，我的成绩不仅达不到基础班的水平，而且奇低的英语成绩显得我好像有学习障碍。我当时一门心思把精力放在跑步上，没有花时间认真学习，而且也从来没人告诉我要好好学习。不管是学校行政管理部门还是体育部门的老师，在他们眼里，我只是个跑步机器。

大一第一次与导师见面时，我就坦陈自己在学习上遇到的困难。“我学不会。”我说。

“别担心这个，你会成为跑步明星的，”他说，“我向你保证，我们会让你大学顺利毕业，所以你完全不用担心这个问题。”

导师安排了一个助教帮助我学习，不然我的成绩会挂科。然后他又帮我重新安排课程，我们都戏称自己上的班是“放水班”。大学本来是为我将来就业和人生规划做准备的，但现在只有跑步对我来说才是最重要的。在大学里，我享受的一直是明星运动员的待遇，基本上没有学业负担，如果我没有及时交作业或者做得不好，老师也会宽容我。除了要为跑道上的成绩负责之外，我不必关心其他任何琐事，这对我来说简直太完美了。运动员的主修是体育课，可我一直过不了人体运动学这门课，还好我有另一个擅长的领域，我对它的喜爱几乎跟跑步一样多，那就是美术。即使如此，我还是无法靠自己完成大学学业。助教会帮我搞定大部分论文作业，她不只要照顾我一个人，有一次她给我们二十五个运动员交了同一份论文，后果就是我们差点被开除，但我心底知道自己永远不会被开除。对学校来说我很有价值，他们不会舍得开除我。一次我刚参加完比赛回到学校，第二天就是心理学期末考试，那一次我比赛得了第二，心情很不好，课程也没时间学，不过即使我有时间也学不会。当时玛丽和我在宿舍里，我向她倾诉自己内心的担忧。

“我完了，”我哭诉道，“明天我该怎么办啊?”

玛丽是那种就算把所有事情拖到最后一分钟也会优雅搞定的人，她知道我这时该怎么办。

“打电话给教授。”她说。

我讨厌任何会引起别人注意的举动，这会使我紧张，但最后我还是鼓起勇气给教授打电话。当电话接通以后，我直奔主题。

“我知道明天要进行期末测验，”我说，“可我一点也没学，刚参加的比赛我也只得了第二名。”

“别担心，”他说，“你不用非得参加考试，我们会根据你之前的成绩给你打一个平均分，C 或 D 吧，一般会给你 C。”

“谢谢。”我说。

事情就这样搞定了。

我感到如释重负，心情瞬间美好起来。现在我不用熬夜学习，也不担心考试结果了。对我来说，坐在教室里实在是一种折磨，我讨厌自己不擅长的事物，所以我根本不会努力去尝试。

谢天谢地我还有玛丽，她就像我的亲姐妹一样。玛丽是我最好的朋友，她跟我一样热爱跑步，为人开朗热情，学习成绩也十分优秀。

我对玛丽有一种敬畏之情，也庆幸自己能成为她的朋友。她就像个漂亮的假小子，有一头漂亮的棕色长发，笑容甜美，目光迷人，所以她都不需要化妆就很美丽。我以前总以让她变得更淑女为乐，包括给她夹头发，给她化妆之类的。但即使不化妆，她也把所有男孩子都迷住了。她就是聚会当仁不让的主角，不需要努力成为大家注目的焦点，因为她本来就是。人们总是关注玛丽，想要待在她身边。玛丽对我影响很大，她也想成为优秀运动员，只是没有我这么狂热。她没有被焦虑折磨，跟她在一起能让我放松下来。

为了保持体形，我们平常基本不喝酒，但也有几次偷偷去喝酒，特别是全国大型比赛过后比较放松时，这也是我在大学为数不多弥足珍贵的记忆之一。在大一圣诞假期之前，我们俩精心打扮，然后冒着严寒跑到大学俱乐部酒吧。在走向酒吧大门时，我深深吸了几口寒冷又潮湿的空气，马上就要下雪了。我很紧张，之前从没去过酒吧，而且高年级学生一看就会认出我们俩是一年级的菜鸟。我也害怕会发生什么事，破坏自己努力营造的完美形象。但我想要跟玛丽在一起，她去哪儿我就去哪儿。另外，我们已经努力训练了一整个学期，还刚考完期末考试，也该放松放松，犒劳一下自己了。当我们打开酒吧的大门，一股温暖、充满啤酒味道的热气迎面扑来，夹杂着史密斯飞船的音乐和一些喝高了的学生的喊叫声。一个身材健壮的高年级学生在门口拦下我们，我们的希望开始破灭。但玛丽开始笑起来，我仔细看了看，原来他也是田径队的，他知道我们是大一新生，并偷偷把我们放进去了。

我开心地笑起来，内心充满解放和欢乐之情。我跟着玛丽走进酒吧，熟识的运动员们已经开始呼喊她的名字。我脱下外套扔在椅子上，感觉就像回了家一样，很快我们就学会了该如何让别人请我们喝杯酒。我跟玛丽待在舞池周围，开心地喝着酒、跳着舞，我们称之为当天的第二次训练。我们尽情享受着自由和堕落的每一秒钟，一直待到酒吧关门。我跟玛丽意犹未尽地走出酒吧，疯狂大笑着钻进一辆出租车赶回宿舍。回来后我们俩穿着睡衣挤在一张床上，等待着今晚最后一次疯狂——一个巨大的披萨。披萨送来后我们俩把它全吃了，今晚所有禁忌都打破了。那是我大学时最美好的时光，我们只是像一个正常的大学生一样体验大学生活。

我希望能有更多这样快乐的时光，即使那天晚上的所作所为对跑步有害，但对我的精神健康却是有益的。

≈fast girl≈

我微笑着回应他，他低下头亲了我一下，只是轻轻在嘴唇上点了一下。但这对我来说已经足够了，我要嫁给他，我兴高采烈地冲上台阶，迫不及待想要跟玛丽分享今晚的点点滴滴。我心里已经完全被这件事占据，一直反复想着他会不会给我打电话，他什么时候回来，会不会不打电话就突然来找我，给我一个意外之喜，但下一瞬间心里又充满了失落之情。我了解他，他是不会这么做的。然后第二天，他的电话就来了。

≈≈≈≈≈≈≈≈≈

4

我想嫁给他

大一那年的一月份，我高中同学给我介绍了他棒球队的队友——来自加利福尼亚的马克·汉密尔顿。我事先偷偷去看过他，我知道这样显得自己很肤浅，但至少要先确定对方是不是我的菜。约会那天，马克穿着白色牛仔裤和蓝色衬衫，在我眼里，他简直就像《壮志凌云》里的瓦尔·基尔默一样帅，留着一样的平头，他彻底把我迷住了。

我逛街时买了一件带有蕾丝衣领的可爱粉色毛衣，特意想要打扮得甜美一些，并假装对约会一无所知，这不是做作，我在大学里还没跟谁约过会呢。

第一次约会我就迟到了，因为当时我正在医生那里检查自己受伤的股骨。我打电话给马克告诉他情况，他过来时还给我带了一束花。天哪，我最终还是跟这个家伙约会了，他还给我买花了。从来没有任何人给我买过花。

我们沿着巴斯科姆山往回走，打算找个餐馆吃饭。我当时穿的鞋子看起来很时髦，但走起路来却感觉很不习惯，我在路上踩到一块碎冰差点跌倒，这给了我去抓他胳膊的借口。

“我能抓着你的胳膊吗？我刚才差点跌倒。”我问。

这么主动可不是我的作风，但从第一眼见到马克起，我就觉得好像认识他很久了。他伸出胳膊让我抓着，我们一起走向披萨店。披萨店里十分温暖，我们俩待在一个单间里，享受这快乐而温馨的氛围。

那晚我们俩都很紧张，担心食物会弄在脸上或衣服上，所以都没怎么吃东西。除此之外一切安好，我们俩相处得轻松愉快，聊得也非常尽兴。我知道他拿到了棒球奖学金，他也知道我是田径运动员，但我们没有过多讨论各自的体育项目。那时我十分痴迷麦当娜，我的朋友告诉我马克的父母最近刚搬到马里布离她不远的地方，所以我就问他这方面的事情。我们谈论着各自的故事，哈哈大笑。

当走回宿舍时，我心里充满欢乐激动。我们停在宿舍外，马克微笑地看着我。

“我最近有场比赛，过几天回来后，我会给你打电话的。”他说。

我微笑着回应他，他低下头亲了我一下，只是轻轻在嘴唇上点了一下。但这对我来说已经足够了，我要嫁给他，我兴高采烈地冲上台阶，迫不及待想要跟玛丽分享今晚的点点滴滴。我心里已经完全被这件事占据，一直反复想着他会不会给我打电话，他什么时候回来，会不会不打电话就突然来找我，给我一个意外之喜，但下一瞬间心里又充满了失落之情。我了解他，他是不会这么做的。然后第二天，他的电话就来了。

我们第二次约会是在他宿舍附近。在那之后，我们几乎每天都见面。马克告诉我，他一开始以为我一定是一个骄傲自大的运动员，嘴里说的和心里想的都是自己的成绩和名气。因为我几乎每天都上校报，学校里每个人都知道我。但见面之后，他惊喜地发现我非常随和，跟我聊天轻松愉快，我们俩在一起的时间也很快乐。我从没有碰到过像马克一样的人，我之前接触的都是典型的威斯康星人，他们人很好，很强壮，卖力工作，但却沉默寡言。马克却不一样，他为人开朗，衣着时尚，喜欢讨论任何事情。我对他着迷的程度仅次于跑步。马克也是一个优秀的棒球运动员，他明白如何才能成为一个优秀运动员，也明白跑步对我的意义。

现在我重新调整了自己的日常安排，每天课后我先去训练，然后跟其他队员一起进行举重训练，我总是匆忙做完规定的训练量，因为想尽快见到马克。我一般是第一个冲出举重室去洗澡的，收拾好自己后就急匆匆地跑去见他。马克一般在上晚课，看视频学习营养学课程。屋子里没有老师，所以我可以自由走进教室坐在他旁边。马克不像我一样上的是放水班，他每门功课都得 A，那学期唯一的 B 还是由于我的缘故。我会在他学习时给他放音乐听，幸好这些都没有引起他的反感。跟着马克一起上营养学，我才明白暴食症会给身体带来多大伤害，我第一次认真考虑要不要停止这种自我毁灭的行为，但对胜利的渴望又让我无法真的狠下心来放弃这种方法。

自从我们总是黏在一起后，马克对我的影响越来越大。他从来没有直接开口询问我暴食症的事情，只是督促我要吃东西，最后我向他坦白了一切。马克非常担忧，我也很忧虑，因为骨折的股骨恢复得很慢。在马克的支持下我停止了催吐食物，开始均衡膳食搭配。有一次我又跟玛丽一起偷偷参加聚会暴饮暴食，他把我叫走了。马克明确告诉我，这样不好，尤其我在学校里名气很大，这种行为会破坏我的形象。

马克还跟我一起克服我最大的恐惧——性。我对马克十分着迷，但还是害怕发生关系会怀孕，或者破坏我完美的公众形象。马克步步紧逼，但我一直死不松口。最后，在他生日那天，我终于同意。我们俩宿舍都有人，再加上马克想让我的第一次有纪念意义，所以他在外面开了一间房。但当真要发生关系时，我感到十分紧张，又退缩了。

“不，”我说，“对不起，我不能。”

马克很体贴，他向我保证会一直等到我准备好后再说。第二天我们俩单独在他宿舍里，这一次我准备好了。

“为什么你要拖到今天呢?”他笑着问，“我本来订了间房想要搞得特别点。”

我不需要感觉特别，我知道爱情的下一步就是性，我坦然接受。但发生关系之后，怀孕的恐惧随之而来，我不能吃口服避孕药，怕激素超标，也怕被父母发现，所以我让马克跟我一起去计划生育中心领取男性避孕药。

我们发生关系几个月后，马克说服我跟他一起在宿舍里洗澡，然后马克跟苏茜洗澡的消息就像风一样传播开来，一帮人冲进来，当场把我们堵住，我吓坏了。马克给我一条毛巾，我把自己完全裹起来后冲回他房间，躲在他的衣柜里。马克回来后哈哈大笑，不过当他看到我紧张的神情后就不笑了，他靠在衣柜上跟我说话。

“苏茜，这没什么大不了的，”他说，“真的，没事。”

“我会被开除的，奖学金也没了。”

“不会的，”他说，“真的，相信我。”

他怎么也说服不了我，直到事情过去几个月后，仍然风平浪静，什么都没发生，我才相信。我当时就是这么神经质。

马克很快开始照顾我生活的方方面面，就像彼得会为我整理跑鞋一样，这是他从来没有为其他队员做过的。在跟马克认识之前，我总是跟玛丽和克丽丝待在一起，但现在我几乎全部时间都跟马克在一起。玛丽很独立，我们相处时间变少，这并没有让她觉得我们的友谊变质。但对克丽丝来说就不一样了，她大二的时候退出田径队，而我的训练量却比以前更多，所以我们几乎很少有时间一起相处，也不像以前那么亲密。跟马克认识后，我跟她的关系更加疏远，但克丽丝一直是我在家里最坚定的支持者，和我关系疏远后，她与其他兄弟姐妹的关系更加亲近。

马克很快知道了我在学习上遇到的困难，他尽力帮助我，教我如何学习，鼓励我多跟助教请教。我们一起去图书馆上自习时，我怎么也无法安静下来学习，经常东瞅西看，要不就使劲逗他笑。在宿舍时，我总是想让他放弃学习跟我一起玩。但马克总是不为所动，一门心思扑在学习上，因为他是品学兼优的好学生。等马克最终意识到我不是不爱学习，而是有学习障碍时，他开始以更直接的方式帮助我。不过他从来没有代我写过论文，他会指点我怎么写并帮我修改。这学期我跟他一起上一门建筑学课程，我就用他去年考试的论文搪塞过去了。生活中越依赖马克，我就越感觉离了他会活不下去。大一暑假时，我跟玛丽还有其他一些队员住在校外，我感觉自己跟马克疏远了，因为他整个暑假都待在马里布的家中。秋天开学时，我朋友觉得我们的友谊会因为他而疏远，所以鼓动我跟马克分手，然后我竟然真跟马克分手了。在生活里，我一直想做一个能让别人开心的人，而且我觉得这样会有利于我的跑步事业。分手后的前两个星期还好，可当我听到马克开始跟别的女生约会时，整个人都崩溃了。我这时才意识到我们俩的关系真的完了，几近绝望，不敢想象没有马克的日子会变成什么样，我恨自己跟他分手。我在洗手间里用刀片割自己的手腕，我不是真想自杀，只是想让马克知道我有多爱他，内心有多悔恨，没有他，我感觉整个世界都黯淡了。

我打电话给他，“你得来一趟。”我说。

“你在说什么啊，苏茜?”他说，听起来有点不耐烦。

“我做了傻事。”我说。

他挂了电话匆匆赶来，等他来了，我的伤口已经不流血了，他知道我不是真的要自杀，这只是一种绝望的表现。他很担心我的状态，将我搂在怀中，我开始号啕大哭。

“我们和好吧。”我一遍遍重复这句话。

“等你好些我们再说这件事。”他说。

我感到如释重负，哭得不能自已，不过现在流的是喜悦的泪水。几天后，我们俩和好了。

跟马克的关系已经数年有余，我对我们的关系一直信任有加，他全心全意爱着我并支持我的事业。离开家上大学时，我以为自己以后会经常回家，但现在我着迷于跟马克的新生活，经常错过家里的晚餐，周末也不经常回去。这是我人生中第一次把自己的快乐置于家庭的欢乐之前。不过我还是渴望为家人、学校、自己的州赢得荣誉和胜利，生活中我也变得更有自信，但只要一提到比赛，事情就开始变糟糕。

彼得教练的指导让我获益良多，他是我遇见过的最棒的教练。我对他无比信任，在他的训练下，我飞速成长。他的训练风格与美国教练不同，他认为选手必须尽早与国际上其他国家的运动员多竞争多交流，为国际大赛尤其是奥运会做准备。为此，他说服学校当局送田径队去欧洲比赛。这些经历拓宽了我的事业，让我更加有自信。提起比赛，彼得总是满脸的严肃认真，但当我们到欧洲开始简单训练和熟悉风土人情时，彼得却显得很放松。他会带我们去爬山，在长途旅行的间隙，还会拿出口琴来吹一曲。有一天，我们的车半路没油了，他把我们扔在一个小村子里，自己跑出去找油。我们都不会说当地语言，但还是跟当地居民相处得其乐融融，一起分享他们的风俗和文化。还有一次，他大晚上把我们拉到迪斯科让我们放松一下，领略一下当地风情。一个星期后，其他姑娘都飞回家了，而我跟着彼得一起去参加国际大赛，当我意识到自己可以跟世界上顶尖的选手同台竞技时，我感觉自己的付出终于开始获得回报。在国内我还是常胜将军，不仅是参加常规田径比赛，也包括我大学时参加的全国田径锦标赛，我九次夺冠，是女大学生运动员的纪录保持者。

现在马克和彼得已经取代父亲成为我心目中最重要的男人，但父亲还是一直无怨无悔地为我付出。他会在我忙的时候来学校看我，让我每次赛后都给他打电话，告诉他比赛的情况和结果。平衡父亲、马克还有彼得之间的要求很不容易，但我会一直坚持给父亲打电话，只要这样能让他高兴。

这一段时间里，我的家庭也很好。丹的医生发明的鸡尾酒药物疗法让丹的病情大为好转，在二十七岁时，他终于变清醒。治愈疾病后，他找了一份工作，也交了一个女朋友，她住在离家四十五分钟车程的一个中等小城里。丹还是像过去一样富有创造力，有一次他还帮助我混过一场考试。那次，我如同往常一样忙于跑步，没有完成老师布置的任务，艺术课老师要求每个人上交一件小雕刻作品，当时我正在家里，丹刚好也在。

“我想到一个好点子。”他说。

我迫不及待想看看丹在匆忙之间能弄出什么东西来。丹看见堆在墙角的塑料泡沫，他用一把电动雕刻刀由这堆泡沫雕刻出一条完美的鱼来。这个模型做得惟妙惟肖，课堂上老师也赞不绝口。

到大二时，学习对我的大学生活来说变得可有可无，不管怎样我都能顺利毕业。课堂之外的大学生活更加多姿多彩。

那年冬天的一个晚上，我正在上运动心理学的课程，我从这门课里受益良多。马克九点半去教室接我，当时我们俩已经同居，住在学校外边一个小公寓里。我们俩经常下课后一起去外边吃点夜宵，一般是披萨或者肯德基炸鸡之类的。那天晚上马克想去一家昂贵的披萨店，我们第一次约会就是在那里。这次约会是有深意的，不过马克经常会为我做这样的事，所以当时我也没深究。

餐馆里基本没人，我们俩惬意地坐在自己的小包厢里聊天。只要跟马克待在一起，我就会感觉很快乐。

我们正聊着天，马克突然站起来，我莫名其妙地看着他单膝跪地，这才突然明白过来他是什么意思。他还没拿出戒指来，我就激动地哭了。

“苏茜，嫁给我好吗？”他说。

“好的。”我说，然后亲吻了他，幸福的泪水汹涌而出。

侍应生走过来看到这一幕，高兴地向我们祝贺。

“我本来应该把求婚细节设计得更浪漫一点。”马克站起来的时候说。

“不，这已经很完美了。”

我不知道父母听到我要在这个时候结婚心里会怎么想，更不知道马克已经偷偷给他们打电话并求得他们的祝福了。这一切都是马克精心计划好的。我们回到家后给父母打电话，他们喜极而泣。这一晚上过得非常美好，我们尽享鱼水之欢，为我们真正成为夫妻而高兴。第二天，我要赶飞机去印第安纳波利斯参加全国室内田径锦标赛，却还没有从头天晚上的兴奋劲中缓过来。当时我站在那里等机场大巴，心里充盈着甜美和头天晚上的激情。我们上车后，我笑得灿若桃花，队员们都笑着看着我。

“苏茜，你怎么这么高兴？”一个队友问我。

我从口袋里伸出右手展开，大巴里爆发出震天尖叫声。

我很幸运赢得那次比赛，赛后一个体育记者采访我，他问我：“你紧张吗？”

以前碰到这种情况我都会很紧张，但那天我一点也不紧张。

“不紧张，你知道吗？”我说，“今天我既不会紧张也不会害怕，因为我订婚了。”

彼得教练训练的效果开始逐渐显现。一月份时，我跟锐步签了一份为期五年、金额六位数的合同，这意味着我现在是一名职业跑步运动员了。那时候，大型体育用品生产商都会通过教练来签约一些优秀的大学生运动员，锐步通过彼得给我提供了一份合同。那时候我还没有经纪人，正好马克在学习法律并准备考法学院，所以他全程帮我处理合同条款的问题。难以置信，他最后给我谈了一份很好的合同，待遇远超任何一个刚出大学校门的运动员。在合同协商过程中，我父亲感觉受到了冷落，但那时我迫切渴望能够独立，而且更想让我未来的丈夫而不是父亲帮助自己。我的家庭还是以我为傲，就像彼得一样。商业市场竞争十分残酷，我现在签下这份合同就意味着我必须跑得更快，赢得更多比赛，证明自己对得起这份合同。

大学毕业一个星期后，我跟马克在麦迪逊正式结婚。我们俩计划好整个婚礼流程，这一天我终生难忘，因为这标志着我跟马克成为夫妻。威斯康星大学把蒙大拿湖畔的一间校友大厅借给我们当婚礼现场，我们邀请了 250 名客人。虽然锐步已经开始支付第一笔赞助费，但我们还是很紧巴，所以婚礼办得非常节省。学校还免费供给我们大量食物，尽他们所能帮助我们把婚礼弄得隆重一点。我当时不知道结婚还要订一些鲜花，所以我们结婚时没有任何鲜花，但这些都不重要了。我们田径队和棒球队的朋友都来了，彼得教练也在，这场婚礼看起来很随意，但正是这种简约之美让人难以忘怀。

马克的父母赞助我们婚后去夏威夷度蜜月，回来后，我们驱车从威斯康星到马里布，马克要去佩珀代因法学院读书，我要为明年的夏季奥运会做准备。离开威斯康星时我哭了，马克说我哭一会儿就好了，然后我的泪水真的只持续了五分钟。在没上大学、没碰到马克之前我就想离开威斯康星，现在我的视野在过去四年得到极大的扩展，我比以往任何时候都准备得更加充分，准备到外面的世界去闯荡一番。那时我还没有充分意识到艰苦的训练能带给我多大提升，还以为彼得以后可以每天通过传真机发给我训练计划。我那时非常紧张，不知道自己是不是能对得起锐步给我的大合同，不知道自己能不能在职业体坛里挣得一席之地。但不管怎么说，我都对未来充满渴望和希冀。

≈fast girl≈

焦虑将我吞噬，当我站在自己起跑的跑道前时，都不知道发生了什么，就随着发令枪声开始机械奔跑。我面色如常，但却感觉自己并不属于这个跑步精英的圈子。然后忧虑如潮水将我淹没，我感觉自己整个人都快要窒息。然后就是噩梦一般的感受：四肢越发沉重，感觉就像在流沙里艰难跋涉一样。一切都完了，我脑海里闪过这样的念头。其他选手飞速跑过，我最后一名冲过终点线。

≈≈≈≈≈≈≈≈≈≈≈≈

5

追逐金牌

我很快爱上马里布，这里跟威斯康星完全不一样，总是阳光明媚、温暖如春，生活随意而悠闲，我很快融入这种氛围。马克让我着迷的地方就在于他有一种跟威斯康星男人截然不同的气质，马里布也是这样一个全新的奇异世界，我很喜欢这里。以前我没有去加州伯克利读大学，现在我可以自由自在地按照自己的意愿生活，在加利福尼亚实现自己的梦想。

除了跟锐步的合同，我还给宝洁、伊卡璐、蓝盾等公司做代言，我们用这些钱在马里布海边一个风景不错的地方按揭了一套1300平米的大房子。我们俩平常都很忙，他要忙着法学院的课程，我则要为明年夏天的奥运会做准备，但我们还是尽量抽出时间来去喜欢的餐馆吃饭，或者跟朋友一起在海滩聚会。因为从小生活在威斯康星，我对大海有一种迷恋之情，可以在海边消磨几个小时，捡捡贝壳或者漂流瓶。我还喜欢沿着海岸线进行日常跑步训练。

这段时间里，我一直过得很开心。在威斯康星，我总能感觉到别人关注的目光，但在这里却没有那种感觉。这是一种莫大的解脱，你不用时时刻刻提醒自己要表现得完美，提醒自己别人在关注你，也不用为别人的快乐而活。但我已经察觉父亲并不完全支持我结婚搬走的决定，当然他从来没说过什么，只是从我结婚到搬到加利福尼亚这一段时间里，我们之间有一种莫名的紧张气氛。我明白父亲的感受，他觉得我不感恩他为我跑步生涯做出的奉献，他觉得自己被冷落了，彼得和马克都已经取代他的地位。我不知道该怎么处理这种事情，也不想伤害父亲的感情，所以我根本就不想面对这种事情，逃离这里似乎更简单一点。最终，我品尝到独立的滋味，这是我渴望已久的东西。一直习惯于按照别人的计划走，突然独立后就会感到无所适从。我甚至都不知道自己想成为一个什么样的人。参加奥运会的梦想已经在我内心深处扎根十余年，我马上就要参加明年的奥运会选拔赛。但跑步不再是我唯一心无旁骛追求的东西，我受够每天训练的日子了，我想要放松一段时间，好好体验一下新婚夫妇的甜美生活。

搬到马里布几个月后，我感觉彼得开始不太关注我的训练计划，也不再给我提供有价值的训练建议。与此同时，我成为佩珀代因越野田径队的助理教练，那里的主教练开始接手彼得给我做训练计划。他是个十分低调的人，比彼得有趣得多，他的训练非常轻松，跟我在加利福尼亚懒散的生活方式很匹配。1991年夏天，我在跑道上取得的成绩只能算一般，但得到的关注和曝光却越来越多。当1992年我以全美最佳年轻女运动员的形象参加奥运选拔赛时，各种诱惑蜂拥而来，有人与我洽谈拍健身视频，我不仅成为《奥运》和《跑步者世界》两本杂志的封面女郎，还出现在《滚石》《时尚》《大都会》和《爱丽》这些老牌杂志里。我很喜欢这一切，第一次享受到跑步带给我的名利和快乐。多年的焦虑和自我怀疑开始松动，我渴望将这些情绪都消灭掉，安心享受这些新的快乐。我还是很爱跑步，但成为模特和名人的激动让我着迷，我的主赞助商锐步对我获得的正面关注也很满意。《花花公子》甚至通过锐步的老板问我是否想成为《花花公子》的封面女郎，我一开始很激动，但马上意识到自己不能这么干，因为不仅我家里人会反对，我心里也认为全美最佳年轻女运动员不应该做这种出格的事。我开始明白自己的品牌价值，并拒绝米勒酿酒公司的广告合同。

我是 1992 年美国奥运田径代表队里最受欢迎的选手，不仅因为我大学时打破纪录九次夺冠，还因为我是锐步旗下的运动员，当时锐步围绕我参加奥运会举行了一场声势浩大的促销活动。其实之前我也有参加 1988 年奥运会决赛的资格，但当时内心的不安全感和焦虑让我非常不自信，导致我最终在赛前退出比赛。而这一次不会发生这样的事情，我对自己职业运动员的身份感到很自信，但有另一个问题却在困扰着我。

马上就要参加自己梦寐以求的比赛，我很紧张，而且一想到马上就要跟我童年的偶像——玛丽·德克·司兰妮同台竞技，我更加紧张。我简直无法想象自己就要与一直崇拜的名人站在一个赛场上，而且这场比赛我还会碰上我未来的大敌——蕾西奥·雅各布斯。我当时不知道自己以后的职业生涯都将面临与她的争锋，在全国大赛上只要有她在，我总是屈居第二，这是一直困扰我的噩梦。不管我训练多么刻苦，都达不到她那种水平，在比赛时，她总是很有爆发力。所以 2003 年，当我听说她尿检呈阳性时一点也不吃惊，这证实了我心中多年的怀疑。

奥运选拔赛决赛开始时，我们一起站在起跑线前。我心里知道自己要专注当下的比赛，平复自己激动的心情，不然可能在比赛时因为紧张而呼吸困难，但我还是忍不住从角落里不断偷瞧司兰妮做赛前准备。谢天谢地，当发令枪响起时，我的身体凭直觉冲出去，心中恢复平静。赛场是我感觉最舒服的地方，我当时把全部心思都放在司兰妮身上，而没有注意到蕾西奥·雅各布斯突然加速冲刺并且马上就要赢得比赛。排在第二名的是她之前斯坦福的队友帕蒂·普卢默，然后我惊喜地发现自己身处第三名的位置，司兰妮在我身后排第四位。我竟然跑得比自己的偶像还快，而且更加让人惊喜的是，我竟然入选参加奥运会。

按照传统，获取参加奥运会资格的选手会身披国旗绕场一圈以示荣耀。当我行走在赛道上挥舞着国旗时，我感觉自己的脚已经离地面好几英尺了，我兴奋得不能自已。马克走过来紧紧抱住我。这大概是到今天为止，我职业跑步生涯里最美妙的时刻。十二岁以来就隐藏在心中的梦想即将实现，我马上就要去巴塞罗那参加夏季奥运会。

我回到宾馆准备出席锐步为我举办的庆祝晚宴，这之前先给家里打了个电话。父母已经在电视上看到我的表现，他们都为我感到由衷的高兴。他们为我的跑步事业奉献良多，而我一直希望自己的表现能够让他们骄傲，此时此刻这一切都实现了，我感到无比的幸福和欣慰。离开威斯康星之后，我很少有机会再回家吃饭，也没有假期。这让我的姐妹们很不高兴，我们的关系更加疏远。那时候我陶醉于自己的新生活，无暇顾及她们的反应。我们从来没有像真正的家人一样直面问题，所以我们继续假装什么都没发生。跑步是我生活中最重要的事情，在我姐姐结婚生子之后，我甚至不想去探望她们，怕自己会因此错过比赛。我知道兄弟姐妹们都为我高兴，但他们从未打电话告诉我这些，我当时也没有体会到这种缺失带来的遗憾。同时我也知道在家乡的加油站和超市前，人们悬挂起巨大横幅庆祝我的胜利。不幸的是，这种来自家乡的直接支持不仅没有给我更多动力，反而带来更多压力，焦虑之情重新取代快乐主宰我的生活。现在我已经成为奥运会参赛选手，我必须在奥运会上与全世界的高手竞争，如果失败的话会让一直对我寄予厚望和默默支持我的人失望。

我也知道自己不管是训练还是跑步状态都不在世界一流水平上，所以心里感到底气不足。最后我联系彼得在法国纳尔博纳跟我见面，当时美国田径奥运队伍正在这里进行为期两周的赛前热身训练，我在彼得指导下努力弥补自己之前落下的训练。但自己还没有充分准备好，就不得不告别彼得，独自踏上西班牙征战奥运会。

奥运会开幕仪式会持续数小时，非常累人，所以不是每个运动员都会选择参加。这是我第一次参加奥运会，我不想错过任何事情。与全美国最优秀的运动员站在同一块场地感觉真是太棒了，我们穿着统一服装，站在历经数年修建的巨大场馆里欣赏着这一切。我们都是体育迷，所以大家都在队伍里来回走，找自己喜欢的体育明星拍照合影留念。一个七英尺高的男人走过来，当他向我笑时，我马上认出他是之前杜克大学的球星莱特纳，他是篮球“梦之队”的成员。

“你好，苏茜，我还记得大二时，在全国大学生体育运动会上看过你的比赛，”他说，“我可以跟你合个影吗？”

“跟我？”我说，因“梦之队”成员想要跟我合影而开心地笑着。

当我们拍完，他抬头找队友在哪里，他魁梧高大的身材在周围运动员里显得鹤立鸡群。“你想过来认识一下其他‘梦之队’成员吗？”他问。

“我的天哪，”我说，“我太想了！”

当我们向查尔斯·巴特利、大卫·罗宾逊、魔术师约翰逊这些大名鼎鼎的球星走过去时，我心里感到有点紧张，但他们这些人都太好了，很快我就镇定下来。

“苏茜，我看过你给飞柔洗发水拍的那个广告。”魔术师约翰逊说。

什么，魔术师约翰逊竟然知道我是谁？

他弯下腰亲了我脸颊一下。*马克一定不会相信这一切*，我想，马克是湖人队的真爱粉，把我也成功改造成湖人队的粉丝。

但我在开幕式时所有的好心情都在晚上的预赛前烟消云散，我又重新跌回黑暗中，被负面情绪困扰和折磨。来巴塞罗那之前，我跟彼得加倍训练，想要找回自己的巅峰状态，但时间仓促，没有太大效果。我知道自己无法战胜世界顶尖选手，彼得不在这里，也无法给予我任何有用的建议，我的保护神马克也不能与我待在一起。奥运村不允许携带家属，所以他跟锐步公司的人一起待在宾馆。我以前从没想到奥运村的氛围会这么放松，一点也没有万众瞩目的训练区该有的严肃氛围。那些已经参加完比赛的选手准备举办聚会，我待的这间公寓感觉更像是嘈杂的大学宿舍，音响大声放着歌曲，喝醉的人肆意呼喊和说笑。当得知奥运村每届都会发放几千个避孕套时，我感到很吃惊，看来奥运健将们都将这些避孕套派上用场了。时间一分一秒过去，我躺在床上听着外面的喧嚣声难以入睡，心中越发为即将到来的比赛感到焦虑，睡得越少明天的状态就越糟糕，这反过来更加剧了我的焦虑。我脑子里反复幻想明天比赛的场景，想象自己会遇到失败。最终我熬到天亮起床，一晚没睡让我非常疲倦、头晕目眩。

现在只要不参加奥运会比赛让我干什么都行，但现实是我只能硬着头皮比赛。

我开始赛前例行热身拉伸运动，在我坐大巴来赛场前脑海里一直回想着这样的声音：*为什么我腿不断了呢？我为什么要在这里？*彼得和马克都不在我身边，如果他们在的话还能让我镇静下来。但是我已经习惯于自己该扮演的角色，也从来没有向别人倾诉过，即使马克在这里我也不会告诉他我现在有多紧张或自己根本不想比赛。我只是像过去数年一样，假装一切都在掌控中，但其实我整个人的状态非常糟糕。焦虑将我吞噬，当我站在自己起跑的跑道前时，都不知道发生了什么，就随着发令枪声开始机械奔跑。我面色如常，但却感觉自己并不属于这个跑步精英的圈子。然后忧虑如潮水将我淹没，我感觉自己整个人都快要窒息。然后就是噩梦一般的感受：四肢越发沉重，感觉就像在流沙里艰难跋涉一样。一切都完了，我脑海里闪过这样的念头。其他选手飞速跑过，我最后一名冲过终点线。

我整个人都崩溃了，但煎熬并没有结束。父母飞到西班牙来看我比赛，同行的还有威斯康星的一位资助者，他以前资助过我参加跑步训练。我父母告诉我，他想跟我一起吃顿饭。然后我就脸上带着假笑去吃饭，席上所有人都尽量想让我高兴一点，但我却不能把心中的压力都说出来。跟资助者吃完午饭后，我再也不想回奥运村，那里的每个人一定都知道我是谁，知道我今天出丑了，本来我是要赢得荣誉的，可结果却让自己的队友和国家失望。那一晚我跟马克在宾馆早早入睡，天一亮，马克还在睡觉，我就把他叫起来坐最早一班飞机回家了，第一次奥运之旅就此结束。

巴塞罗那的失利只是开始，此后我感受到跑步界对我的攻击越来越多。有人声称我参加奥运比赛根本不配那么多资金的支持和关注，其他一些女运动员则污蔑我以色娱人。我当时收入颇丰，远超同辈或者比我成绩优秀的人，她们认为我不配得到这么多关注。所有这些流言蜚语都对我本已摇摇欲坠的自尊产生了重大打击。一年前我上《跑步者世界》封面时，他们将我的胸部 P 小，认为这样看起来才像一名优秀的女性跑步运动员。我恨自己的胸总是引起不必要的关注，让我看起来不像专业运动员。那年夏天，我偷偷花八千美元做了缩胸手术，虽然医生警告我生孩子后可能会遇到喂奶问题，我还是坚持做了手术。胸变小之后，我感到很高兴，最起码我现在看起来像一个运动员该有的样子了，但光做缩胸术没法让我的体形恢复完美。虽然我很享受在马里布天堂般惬意的生活和逃离紧张的跑步世界的那种闲散，我总是会想起教练和父亲对我的期待，他们失望的话，我自己也快乐不起来。我不喜欢跑步竞争的一面，但却想通过赢得比赛让关心我的人高兴，所以为了他们，我也要继续赢得胜利。我已经打乱大学时彼得给我设计的训练计划，现在我需要重新找一个教练，但又不想搬回威斯康星去找彼得。我并没有表现出自己该有的水平，所以我要找一个能帮我恢复巅峰状态的教练，希望他能帮助我重新找回对跑步的热爱。我当时立刻想到自己的偶像司兰妮的教练迪克·布朗，他住在俄亥俄州的尤金市。我的一个跑友在跟着迪克训练，她劝我试一试他的风格。要离开马里布对我来说是一个很大的改变，马克的法学院课程还有一年，但我已经不想再在这里等下去。我独自来到尤金市，一个学期里跟马克两地分离。他在俄亥俄大学拿到法学学位之后来到尤金市陪我，生活中他总是为我和我的跑步事业无私奉献。

改变让人兴奋，我全身心投入到新的人生历程中。新教练对我生活的方方面面都约束颇多，甚至我觉得与比赛无关的东西他也要干涉。他对我每次赛后都要给父亲打电话的行为很不以为然，他觉得我父亲已经过度干涉我的生活，鼓励我要摆脱他的掌控。一次我父亲责备我赛后没有给他打电话，教练听后非常生气。

我又回到原来的生活模式中，安心于父亲、教练和丈夫对我的掌控。但布朗教练事无巨细都要过问。一天他陪我练完冲刺跑和力量训练后坐下聊天，他是个管得很细的人，我以为他要跟我谈跑步技巧或新的训练目标。

“苏茜，我有点事想跟你谈谈。”他说。

“什么事?”我问，不管教练说什么我都会无条件执行。

“是关于你的表现，”他说，“如果你想在比赛中表现得更好，赛前就不能有性生活。”

听到他说的内容后，我脸一下子就红了，羞愧地低下头。我跟马克的夫妻生活充满柔情蜜意，时不时我们也会尝试一些新花样，但与教练谈论这种话题还是超出了我的限度。

“我听不懂你在说些什么。”我说。

“比赛时你要全力以赴，人体内含有的睾丸素能促进你的表现，如果你赛前有性生活的话，会降低体内睾丸素的含量。我不希望你赛前无谓地消耗自己体内的睾丸素。所以赛前或比赛当天都不要跟你丈夫发生关系。我是你的教练，知道怎么做对你是最好的。”

“嗯，好。”我点点头，羞愧得不敢抬头看教练。

我感觉非常尴尬，对自己的身体感到别扭、不适应，这种感觉与当年那个男教练偷拍我，还有彼得教练告诉我要穿两件运动内衣时差不多。人们对我做缩胸手术的关注已经让我不胜其扰，但我却无能为力，我的身体不仅属于我自己，也属于我的比赛、教练、杂志编辑和我的对手们。

那天马克如同往常一样训练后来接我，我一上车就告诉他我跟教练的对话。

“你在跟我开玩笑吗？”马克说。

我叹了口气，眼看窗外，开始想念马里布的海滩和朋友们。我训练得那么刻苦，但这一切却总是被焦虑和对我生活、身体方方面面的闲言碎语所破坏。如果能够成为隐形人该多好。

这一回，又是我的好朋友玛丽给了我最大的帮助。玛丽大学时就放弃跑步了，她觉得要成为职业选手必须放弃太多东西，也要付出太多努力，这一切得不偿失。她现在是一名优秀的掮客，只要时间来得及，她总是来看我比赛。那年夏天，她飞到欧洲看我比赛，然后我们在欧洲玩了几天。我们在一起没几天她就察觉到教练对我造成的影响，不过她没有直接跟我说这个问题，她也知道教练跟选手之间的关系这个问题很敏感，所以当她跟马克一起坐在蒙特卡洛的沙滩闲聊，说起这个话题时，她告诉马克说不明白我为什么选布朗当自己的教练，布朗的那一套是在扼杀我。马克把她的话转述给我，我也认同她说的，但换教练是件大事，我们刚决定从马里布搬到尤金来，如果又要做出重大决定会有点仓促。而且我现在的成绩确实比在马里布时要好一些。所以我虽然过得不是很开心，还是低头咬牙训练，为1996年亚特兰大奥运会做准备。

知道自己入选国家队的消息让我欣喜若狂，迪克当时让我参加800米和1500米两项赛事。我对他的决定表示不解，最后结果也确实如此，我只入选800米国家队。虽然1500米是我的强项，但不到一周的时间要连跑六场比赛，这对体力是巨大的考验，结果我跑了最后一名。说心里话，我对亚特兰大奥运会没抱太大希望，并努力正视这是自己第二次奥运会之旅，虽然第一次以惨败收场。那年六月份一个震撼性的消息传遍跑步圈，我一直以来的偶像玛丽·司兰妮违禁药品测试结果呈阳性，虽然她最后澄清体内过高的睾丸素水平是由于服用避孕药造成的，但这件事对她的声誉和形象还是造成很大损害。这种事在体坛很普遍，我也一直在努力调整自己的心态，接受战胜自己的竞争对手可能服用禁药这个事实。

亚特兰大奥运会我又失败了，意料之中的结果，可我还是很沮丧。流言蜚语再次紧随失败袭来，我配不上各界铺天盖地的宣传和关注，锐步正在计划削减运动员赞助人数，我首当其冲，耐克对我也没多大兴趣。公众只关注你在奥运会赛场上的表现，而我却一无所得。我开始怀疑自己一直不肯服兴奋剂的决定是不是太幼稚了，我曾发誓要堂堂正正赢得比赛，现在看来却显得很傻。

回尤金时，我跟布朗坐在一起。“比赛时，我错失良机了吗？”我问，“我应该服用兴奋剂吗？其他人好像都用那东西了。”

他盯着我看了很长时间，让我明白他有多认真。

“你当然不应该服用兴奋剂，”他说，“你根本不需要那东西，你有天赋就够了。”

教练的话让我如释重负，我不想为了比赛投机取巧，我是个好女孩。但除此之外我又该怎么去赢得比赛呢？

“我只是对我们的训练计划感到有点不满，”我说，“是不是强度不太够？”

教练马上向我保证会规划一份科学的新计划，能够有效提升我的实力。上一次他也是这么说的，可我从来没觉出效果来。我想要，也需要胜利，这一次我本该质疑他的空话，但天性让我再一次选择退缩。

1996 年，有人与我洽谈出一本泳装日历，我非常喜欢这个想法。我知道自己的胸可能会引起闲言碎语，但我还是在赛场下自信地展示自己的身材。在欧洲比赛时，我甚至在沙滩上裸露上身，不过当时马克担心我可能被狗仔队拍到，引起不好的舆论。所以最后，我在他的催促下穿上衣服。我想要换个环境做点其他事缓解一下自己的心情，这是跑步不能带给我的新体验。我全程参与日历制作的方方面面，从娱乐新闻秀例外派出一组人马为我在夏威夷的沙滩上拍写真，到精心挑选用在日历上的十二幅照片，每个过程都让我很享受。当我最终拿到成品时，我很自豪终于能够做点自己喜欢的事情了，在这个过程里还展示了自己的个性。这个日历不零售发行，我们稍微推广了一下马上就大卖，很快我们首批印刷的五千份就卖光。市场反响相当好，我们再加印肯定也能都卖出去。就在这时，我父亲打来电话。

“你们怎么会去拍这种东西?”他在电话里大声怒吼，“我之前对此一无所知，然后在工作时，突然有人拿这个来嘲讽我，你让我丢人。”

“这是我自己想做的事情，”我说，心里却对与父亲正面冲突感到十分恐惧，“我喜欢成为一个模特的感觉。”

他非常生气，觉得这个日历让他丢人。想到这个日历让家里人都很丢人，我也有点后悔。我最终从自己喜欢的事情中得到一点欢乐，而父亲却要将这唯一的欢乐夺走。

“如果我成为一个脱衣舞女郎，你会跟我断绝关系吗?”我问。

父亲没有回答这个问题。挂电话的时候我心里五味杂陈，既焦虑又失望，还充斥着负罪感。不久后，马克回到家时，发现我在失声痛哭。

“发生什么事了?”他问。

“父亲打电话来问日历的事，他很生气，”我哭着说，“他不想让我拍那种东西。”

马克之前对此事全力支持，还帮我挑选照片。这一次他没有马上表态，而是停顿思索了一下。

“你喜欢做这个日历，”他说，“这个日历很精美，如果我们多印一万本的话也能卖完，但这需要你自己做决定。”

慎重考虑几天之后，我决定不再卖日历了。我虽然不想惹父亲不高兴，但心里还是对他的反应和自己屈从于他的意志感到愤怒。我意志力不坚强，不敢正面反抗父亲的干涉，但我与父母的感情距离却更加疏远。对我和马克来说，这段时间是人生中又一个重大转折点，每当我生活中出现其他让我着迷的东西时，他们总是快速将我拉回我该做的事情——跑得更快。现在我该专心于自己的训练了。当模特既有名气又很快乐，但我更想在赛场上赢得胜利，内心的剧烈冲突几乎将我整个人撕裂。

虽然下一届奥运会还有三年半才开始，但我必须向世人证明自己的存在和能力。我已经成为职业选手六年了，但职业之路不像大学时一样辉煌，没取得任何拿得出手的成绩。我心里明白，现在只有一个人——彼得能让我重回巅峰竞技状态。不知道为什么，跟他远程训练总不像我们面对面时那样有效，所以是时候回家了，但搬回威斯康星就会离我父母更近，这让我很抵触，尤其是发生日历事件之后。与父母之间的别扭关系是当初我选择离开的原因，住得离父母远一点让我心里更舒服。但马克觉得我如果想要在赛场上取得胜利就必须搬回去，所以最后我同意搬回威斯康星。我受够了对我名不副实的种种质疑，也受够了自己的平庸状态，我要赢。

1997 年上半年我们搬回麦迪逊。我跟彼得的关系一如既往的和谐，我的竞技状态开始回升。那一年我表现不错，在巴黎和洛桑都拿了冠军。1998 年更是在蒙特卡洛大赛上拿到了我进入职业赛场以来的最好成绩。耐克看到我的成绩开始回升，最终与我签了新合同，合同条款里有一条，如果我能在四分钟内跑完一英里，就会给我十万美元奖金。比赛那一天正好是我三十岁生日，我并没赢得比赛，事实上我只跑了第八名，但却跑出了个人最好成绩，三分五十九秒。这就是说，我可以拿到那笔十万美元的奖金。我感觉自己正在找回以前的状态，竭尽全力跑出自己的最好水平，努力维持在第一阵营的地位。

然而高兴劲没过多久就被破坏掉。那天晚上我在参加赛后庆功宴时，这项世界著名赛事的组织者将我拉到一边说悄悄话。

"你有能力改变田径运动这项赛事。"他说。

"谢谢。"我备感自豪。

"我说真的，借着你当模特赢得的人气和媒体对你的高度关注，你真能提高田径在美国体育界的地位。但你必须表现得更优秀，要赢得更多比赛，你知道为此要做些什么吧。"

我的笑容僵在脸上，渐渐消失不见。我后退几步，泪水差点夺眶而出。我很震惊，同时也被他话里的未尽之意冒犯到了：为了赢得冠军，我必须使用兴奋剂。如果我这么做且成功了，就能够改变自己心爱的事业的境遇；如果我没服用兴奋剂而且失败了，那就是我自己的错。

"不好意思。"我落荒而逃，进入人群中，再也没跟这个人有过任何交集。

成为顶级运动员的唯一问题在于，你总有下一场比赛要战斗，不管你之前赢得多少荣耀，你都要一直赢下去才能保住自己的名声。对我来说，接下来的1999年很不走运，虽然我打破了美国800米室内跑的纪录，但却把自己的跟腱拉伤了。那年接下来的比赛全部报废，一开始的时候，医生甚至对我说，我的职业生涯可能就此中断，但我决心返回赛场，证明他们说错了。

我还在因为日历的事跟父母怄气，住得离他们有些远，聊得也不太多。所以当我回家探望他们时，才发现我哥哥丹的情况已经发生很大变化，虽然我父母一直没有跟我们提起过丹的近况。经过数年的治疗，丹已经停止服用药物，这些药物副作用极大，让他瘦了四十磅。他现在的样子看起来比前几年好多了。所以我看见他好转的样子很激动，由衷地为他感到高兴。但我们当时不会想到，丹停止治疗之后病情又反复发生，他将自己的财物都送人，在房子和车上胡乱涂鸦，然后在 1999 年 9 月的一天结束了自己的生命。

我知道消息后惊呆了，我们都是如此。我们从没想到他的病情会恶化到自杀这一步。哥哥自杀的那一天，我一直心绪不宁，早晨我跟朋友一起去大学体育馆训练，这种不安感越来越强。我停止训练打电话给马克，这在我之前的训练中从来没有过，训练就是训练，需要心无旁骛。但那天我还是给马克打电话了，当马克接通电话后沉默了很长时间，最终他开口说话了：

“苏茜，你哥哥出事了。”

当我听到马克的嗓音和说的话后，我立马意识到丹已经死了。

“丹去世了。”

我瘫坐在地上，话筒从手中滑落，双手抱着膝盖在教练办公室里痛哭。等我再次拿起电话时，脑子里只有一个念头。

“为什么，到底发生什么事了？”我一遍又一遍问着马克。

“苏茜，你快点赶回来吧。”马克说。

当我在哭泣时，马克让我回体育馆请个假，顺便找人陪我一起回来，他不放心我一个人在这种情况下开车。在一个半小时的回家路上，我已经把泪流干了，我就像个僵尸一样坐在座椅上，已经脱离现实世界，对痛苦也麻木了。

我像以往面对这种情况时一样，下意识地进入自我麻木状态。当我哥哥的葬礼结束后，我立马赶到机场坐飞机去奥尔巴尼，有一个小姑娘刚去世，人们为她举办了一场募捐会，我答应要出席。此后我又赶到利默里克进行跟腱治疗，因此错过了父母在家里举行的招待会。我跟姐妹们的关系本已紧张不堪，这下彻底断裂。她们指责我太自私，一点也不关心自己家庭的遭遇，将别人家庭的遭遇和自己的职业看得比家庭重。但我不知道自己能做些什么来弥补，即使我把原因解释给她们听，她们也不会相信。跟腱手术后近一年时间里，我跑步时脚都会隐隐作痛。我简直受够这一切了，我要做点什么解脱出来，我要接着跑步。在爱尔兰接受物理治疗时，我心里时不时会想起哥哥从九楼跳下去的情景，那时他心里在想些什么呢？我既绝望又惶恐，然后我就去当地的教堂寻求安慰，那里给我的感觉很好。我还收到一封感谢信，感谢我出现在奥尔巴尼，这让大家非常振奋。我渐渐开始从哥哥的悲剧中走出来，但他的死在我心中留下永远无法磨灭的伤痕。

痛苦的密集治疗奏效了，2000 年时，我已经完全康复可以参加比赛。但丹的事情给我那一年的比赛增添了一丝新的阴影。我已经三十二岁了，这将是我第三次参加奥运会，我跟马克已经结婚近十年，但还没有安稳的家庭。我觉得自己必须弥补马克、父母和教练等人为我付出的牺牲，我一定要赢。

经过上一年伤病的折磨之后，我也很惊讶自己恢复得这么快。我参加 1500 米奥运选拔赛，最终名列第二，第一名还是雅各布斯。我训练得更加努力，觉得只有这样才能弥补自己在过去两届奥运会给人们带来的失望，也只有这样才能安慰刚遭受丧子之痛的父母。如果我能拿一枚奥运会金牌回家，至少能营造一点欢乐的由头和气氛。

职业运动员一般一个赛季只能跑出一次最好成绩，所以大家都会调整状态等到大赛上努力争取，这是因为参加比赛会导致疲劳，还有心理和生理的双重考验。那一年我成绩不错，其实是相当不错。我参加完奥运选拔赛后又去欧洲奥斯陆参加比赛，就是在那里我跑出了职业生涯最佳成绩，也是当年世界最好成绩，三分五十七秒跑完 1500 米。这也让我成为悉尼奥运会最受欢迎运动员。我的成绩仅比美国纪录保持者司兰妮慢十分之一秒，之后我小腿有些拉伤，错过两周的训练，但我还是在努力增强自己的实力，因为我是悉尼奥运会最受欢迎运动员。耐克在我启程前往悉尼前特意为我投放了一则商业广告，却没想到这则广告招致大量批评，我母亲认为我从袭击者的手下落荒而逃很不好，一些女权主义者则指责这则广告有煽动对女性暴力的倾向。但我喜欢这个广告的创意：我不用男人的帮助也能逃脱伤害。虽然批评很多，但钱已经花了，事实无法改变。而且我也感受到耐克一方希望我能够在悉尼夺冠的压力。更多的压力来自于我自己，我迫切希望能赢得冠军让父母高兴，所以以一种破釜沉舟的心态参加比赛，我只想要第一名。

事情从一开始就不顺利。在决赛之前有两轮预赛，当我拿下第一轮预赛时感觉一般，不是很好；第二轮预赛我只拿了第二名，但却不像第一轮时那么容易，我感觉很糟糕，就像自己已经无能为力了。我知道自己碰到麻烦了，我想要逃离。决赛那天，我跟其他队员一起排着长队穿过运动员通道走进赛场，电视摄影师就在我跟前，我脸上挂着一个大大的假笑，我担心摄影师会不会看穿我的伪装和不自信。我的大脑里充斥着消极想法和疑虑。场上观众发出震耳欲聋的呼声，我茫然地注视着看台上疯狂的观众，心底默默对自己说，专注比赛。然后我转头看着身边的对手们，*他们能看到我眼中的恐惧吗？我心想，这一切赶快结束吧，我为什么要站在这儿呢，还不如马上逃走。*我想靠自己的实力粉碎一切谣言，但我现在心烦意乱，都不知道自己在想些什么，对自己毫无信心。我看着观众席，马克这时一定在看着我、为我欢呼，我真希望他能来到我身边将我从这个噩梦中解救出来。我感觉很孤独，努力咬着牙不出声，怕一张嘴自己就会哭出来。我不能哭，我必须跑下去，不能让马克失望，他已经为我的职业生涯放弃太多了。我的家人现在也在看着我，我要为他们赢得金牌，这会给他们带来莫大快乐，驱散哥哥自杀带来的悲伤。*专心，苏茜，专心于眼前的比赛。*

发令员让我们都站在起跑线前，我在第一跑道，紧挨着内场，所以我必须在一开始就努力领先，避免被包围在人堆里。我调整自己脸上蓝色太阳镜的位置，这是我为搭配美国奥运队服特意准备的，这个动作是我在紧张之下做出的，希望摄像师能把镜头从我身上移开。我伸展双腿，别好自己胸前的号牌。*他们到底想让我们在这里站多久？就不能赶快弄完这一切吗？*还没开始跑，我的心脏就剧烈跳动，发令枪一响我就冲出去，脑子里还回荡着发令枪的巨大响声。我的新钉鞋牢牢扎在塑胶跑道上，环顾四周，每个运动员都在奋力抢占最有利位置。我也奋勇争先，按照彼得赛前给我规划好的计划比赛。但每跑一步，我心里就只剩下一个想法，让这场噩梦快点结束吧。

在恐慌中跑完三圈后我开始最后一圈冲刺跑。但离终点线越近，我心里越有一种坏事要发生的感觉。身后队员发出的呼吸声离我越来越近，我感觉自己就像将要被猎杀的小动物。我的身体开始僵硬，感觉自己迈不动脚步了。我想立即消失离开这里，但却做不到。我努力坚持，但负面想法和自我怀疑却越发猛烈，我的双腿越来越沉，越来越沉。终于，在离终点线还有一百五十米时，其他队员一个个从我身边跑过，我成为最后一名。在我人生最后一场奥运比赛中，我竟然跑了最后一名。没有金牌，什么都没有。我当时感觉十分心痛而迷茫，被悲痛所笼罩，我不想再跑下去了。我暗示自己跌倒，然后我就倒下去了。肌肤碰触塑胶跑道的那一刻，我觉得自己看起来像个彻头彻尾的傻瓜，我把一切都搞砸了，但幸好我不用再跑下去了。然后我才意识到自己离终点线还有很远，我不能半途而废舍弃比赛。我逼迫自己站起来完成剩余比赛，但等我看到蜂拥而来的媒体记者包围我时，我无法忍受这种羞耻感而再次崩溃。都结束了。我筋疲力尽地闭上眼，感觉医护人员将我抬起来向外走。

未经治疗的躁郁症就像一颗随时要爆炸的炸弹。不管是躁狂症带来的兴奋感，还是使人陷入情绪低落时的失落感，这些都不是个人可以自我调节的情绪，这不是目标设定、正能量思考或休息一下就能解决的问题。研究表明，有15%～17%未经治疗的躁郁症患者最终都以自杀结束自己的生命。这只是数字可以量化的痛苦而已，更不用提那些因此而陷入毒品、酒精、性等深渊里的人。他们不知道是脑化学的产物导致他们如此，以为通过这些方式就可以缓解心中的痛苦。但这样做只会让他们失去工作、婚姻破裂、家庭破碎、遭受来自各方的指责，好像他们在处理这个问题时是自作自受、咎由自取一样。

我的哥哥虽然早在高中时就已经确诊，并接受过电击疗法和药物治疗，可最终他还是自杀了。而且那时人们根本不明白得了这个病意味着什么，我们知道丹得了躁郁症，却没有与他一起抗击疾病的侵袭。我是在他得病不久后知道他确诊躁郁症，但那时我十分年幼，不知道这个病意味着什么。当他的病处于最严重时期时，对家庭造成的伤害也最大，那时我只是不断地抱怨他，在心里叫他疯子，希望他能马上自己争点气好起来，这样母亲就不会总是哭了。回首往事，我羞愧于自己的无知，也悔恨自己当时没有跟现在一样有那么多关于躁郁症的认识。但我还是能从往事中学到很多经验，只是带有苦涩的味道。

≈fast girl≈

凯莉回家更放大了我的恐惧，我爱她爱得深入骨髓，甚至到了一秒钟也不能让她离开我怀抱的地步，每次将她放到秋千或摇篮里，我都备受分离之苦的折磨。我的大脑又像小时候一样开始眩晕旋转，需要找一些事情来分散自己的精力，不管是打扫屋子、清理草坪还是跑步，只要能让我平静下来就可以。当凯莉睡觉的时候，我就带着婴儿监视器在家周围的山上跑步，竭尽全力让自己精疲力竭。只有一件事情能让我心平气和，那就是怀抱凯莉坐在沙发上，但有时候即使这样也不能让我的大脑平静下来。

≈≈≈≈≈≈≈≈≈

6

真实生活

比赛的压力已经过去，但噩梦却没有结束，我从未有过这种经历，所以十分难受，甚至比听到哥哥死讯时还要痛苦。我的心态已经彻底扭曲。

摔倒事件是个大新闻，我已经是个久经战阵的老将了，居然会在赛场上跌倒，这听起来太荒谬，我立即成为人们茶余饭后的谈资。我的摔倒把马克吓坏了，他立即想要过来关心我，同时媒体也一窝蜂地想要采访我。最后我向我的丈夫、记者、教练和其他所有人撒谎，唯独无法欺骗自己的内心。我假装自己是不小心摔倒，心里却清楚摔倒是故意的，只不过是为了结束当时的噩梦。医生赛后诊断认为脱水是造成我摔倒的原因，所以我也就顺水推舟地以此为借口。但以我赛前细心谨慎的程度，又怎么会犯这种低级错误呢？后续检查中，我还被检查出坐骨骨头损伤，这就是我来悉尼参加比赛前小腿腿筋一直疼痛的原因，我为此还耽误了整整两周训练。奥运会之前受伤给我带来很大的心理负担，尤其是在奥运会比赛场上，我很怕受伤会影响自己的成绩。

我感到既羞愧又难过，不仅自己失败了，还让彼得失望，他花费很多心血栽培我，我却没有赢得一枚金牌来回报他。我觉得全世界一定都认为我是失败者。二十年不停的训练和比赛，我以为自己有潜力成为最优秀的选手，但最后却都成为一场空。

因为比赛摔倒，所以赛后我还要留下来做检查，不能马上回家。等回到家以后，我马上闭门不出。在从机场开车回家时，我看到路上挂着一些横幅，上面写着诸如“苏茜，好样的”等励志标语。我知道他们是好意，但这只会让我更难堪。我去超市买东西时，感觉每个人都在背后盯着我窃窃私语，说我在奥运赛场上跌倒不仅让整个州还让整个国家都很失望。所以我开始闭门不出来逃避这些流言蜚语，我希望眼前的一切都只是幻觉而已，我就这样在家里待了好几个月。马克很担忧我的状态，他鼓励我外出训练或找朋友玩，这样能更快帮我走出阴影。但他从没强迫我做任何事情，我从未向他吐露自己内心的焦虑和羞耻，即使是在我向他寻求帮助时，他也习惯了附和我的建议。

在我去洛杉矶看医生时，医生极力建议我去看专业的心理医生，最终我强迫自己去看运动心理医生。但即使是坐在心理医生的保密室内，我也无法完全跟医生袒露心扉，我告诉医生自己是故意摔倒，但没有说出自己那时内心的焦虑和绝望。医生最后认为是疲劳导致的压力过大让我在比赛中摔倒，我们的谈话内容仅限于此，没有过多深入我的内心世界。

当这个事件的风波消散之后，我开始认真思考自己的职业生涯还有家庭生活。我不想再跑步了，只要一穿上钉鞋，我就感觉自己手脚不灵活，心里有种莫名的恐惧感。但我太骄傲，不想在职业生涯的低谷黯然隐退。所以我开始重新振作起来参加训练，对我来说 2001 年一帆风顺，我在赛场上取得不错的成绩。我的生活重新被跑步掌控，大部分时间都是跟彼得和马克待在一起，马克既是我的丈夫又是我的经纪人，他能明白我一举一动的含意。玛丽结婚后搬到波特兰，虽然距离变远，但我们的友情一直没有变淡，联系还是很紧密。我们经常打电话聊天，去探望对方。那一年稍晚，她打电话来告诉我一个坏消息。

“苏茜，我有个坏消息要告诉你。”她声音低沉宁静。

“怎么了?”我问，一颗心不禁紧张起来，玛丽从来不会这么严肃地跟我说事情。我当时坐在餐厅桌子前喝茶，看着坐在我对面的马克。

“我得癌症了，”她的声音开始颤抖，“不用为我担心，我绝不会屈服的。”

我心如刀割，泪流满面。

玛丽一定能够战胜病魔，她是那种天生就充满活力、很有亲和力的人。她被诊断患有一种罕见的血癌，后续化疗会非常痛苦。那一年我大部分空闲时间都赶到波特兰去陪玛丽，她的活力和乐观精神都让我惊讶不已。我也假装她很快就会恢复的样子，因为我知道这就是玛丽想要的，她希望我相信她马上就会康复。

2002 赛季我也斩获颇丰，三次在 1500 米比赛里跑进四分，世界排名上升到第三位。我训练状态也很好，不禁开始憧憬 2004 年夏季奥运会。但选拔赛开始时，我的伤病开始发作，我每月要去一次利莫瑞克做治疗，同时还要经常去德国接受去疤注射治疗。我的身体已经无法适应参加奥运会的强度，尽管我有好几次都是顶着伤病参加比赛，我现在更担心自己在比赛时的心理状态。参加选拔赛时，我的伤病仍在折磨我，最终我决定退出比赛。

我和马克曾认真讨论过以后的生活。我们俩都想要一个孩子，现在我退出奥运选拔赛正是最好的时机。2005 年上半年我发现自己怀孕了，我们欣喜若狂，我喜欢怀孕的感觉，并已经迫不及待地想要成为一个母亲。马克和我当时住在麦迪逊市外三十分钟车程的一个小镇上，我们的木屋非常舒适。房子坐落在一片占地六十英亩的树林里，溪流环绕风景优美，马克还专门给我修建了一条训练跑道。怀孕时我每天都在树林里跑步，那段时间我忙于给孩子起名字和装饰婴儿房。我还没有公开宣布自己怀孕的消息，但只要我公开宣布，人们就会知道我打算退役了，至少是要休产假。我父母对我怀孕的消息感到非常高兴，他们对我跑步的关注很快就转移到即将诞生的新外孙女身上。

我心里明白现在该是放弃自己梦想的时候了。许多运动员退役后的日子都很难熬，他们适应不了一下子无事可做的状态，也受不了再也不能参加比赛赢得胜利的感觉。胜利能带给他们一种成就感，退役后无所事事的日子使很多人变得郁郁寡欢，甚至走向极端。但我不会这样，从高中开始跑步，我就讨厌比赛，成为职业运动员以来，我一直渴望能尽早退役。在悉尼，我被内心的阴暗面打败，比赛带给我所剩不多的快乐也都一去不复返。我不想成为一名职业运动员，而我现在仍然每天跑步，只是不再强迫自己跑完预定的里程或强度。这是一种巨大的解脱，我喜欢穿上跑鞋慢跑十英里的感觉，想到能从无休止的训练、比赛然后再训练的噩梦中解脱出来，我就心潮澎湃。我想要过一种不一样的生活。

马克和我已经对以后的人生做出设想，他将开业当律师，我休完产假后会当教练，做励志演讲和出席各种活动。威斯康星物价不高，所以我们俩不用担心养不活自己。对我来说，退役后的过渡期很轻松，但那年我去探望玛丽在波士顿的新家时，她的状况却不是很好。我以前探望过玛丽许多次，她一直以来对自己的病情都很乐观，勇敢地与癌症做斗争，但这一次却不一样了。当我第一眼看到她时，我就感觉到这种变化，玛丽比以前瘦了很多，那一头浓密的棕色秀发也因化疗脱落，她整个人看起来很虚弱。我们迎面拥抱时，我才感觉到她已经瘦得瘦骨嶙峋。但当玛丽向我露出她那甜美的微笑时，我知道她还是那个玛丽，没有被癌症击败。

我在玛丽那里住了几天，虽然她走起路来很困难，但那几天她坚持每天都要跟我一起散步，这总是让我想起我们大一一起跑步时的情景，我们跑得那么快，让其他人都嫉妒不已。玛丽只有三十七岁，还是很年轻，我相信她最终一定会战胜病魔的。我们一起散步时，总是十指相扣紧紧握在一起，另外一只手默契地随着节奏摇摆。

“马克怎么样？”她问。

“要成为父亲，他简直高兴坏了，”我说，“他一定会成为一个好父亲的。”

“马克生下来就准备好当一个好父亲了。”她调笑道。

这就是玛丽，她总能把我逗得哈哈大笑。

“马克一直都比我成熟稳重。”我说，“玛丽，没能参加你的婚礼一直都让我心怀愧疚，我真的特别希望当时能够在那里陪伴你。”

“你当时在比赛嘛，”玛丽说，“我也希望你当时能在现场，那一天是我生命里最明亮的一天，能跟福瑞德成为夫妻，我感觉很幸福，他就像我的守护天使，特别是现在这种情况。”

我们还像以前一样谈论男孩，只是现在这男孩已经成为我们的丈夫，而我也要成为一个母亲了。玛丽也非常渴望成为母亲，但是化疗对她的生育有影响，她打算化疗结束就怀孕生子。玛丽现在的体能很糟糕，每当我们散完步回去时，她总是步履蹒跚，要时走时停才能走上大门的台阶，我想上去搭把手，可玛丽总是扶着扶手不肯让我帮忙，她就是这么独立和要强。等回到屋里，玛丽已经精疲力竭，可她还要做瑜伽。她在卧室里铺开一张瑜伽毯，让我跟她一起盘腿坐在上面，双手掌心放在胸口。

“闭上眼，”她说，并简单给我介绍瑜伽入门知识，“舒缓呼吸。”

我知道，自生病以来，瑜伽尤其是其中有关冥想的部分对玛丽抗击病魔很有帮助。她很喜欢瑜伽，只要能帮助到她，我愿意做任何事情。但我对瑜伽一无所知，我能放慢呼吸，但无法平静，心中思绪万千无法平息。我尽量按照玛丽的指示完成几个动作，等快做完整套动作时，我已经活动出瑜伽毯到地板上了。玛丽做完瑜伽已经累得不行，要马上去睡午觉。一个小时后，我一个人坐在沙发上盯着空气，身边扔着一本杂志。我没法集中注意力，因为我从来都不喜欢读书，并且脑子里一直在想着玛丽。她是我的偶像，玛丽的生活方式让我羡慕，还有她的独立和对生活的热爱。她一定会战胜癌症的，一定会。我站起来，蹑手蹑脚地走进屋里看她睡得怎么样，她瘦弱的躯体盖上毛毯就几乎看不见轮廓了。一瞬间我突然感觉到什么东西，停下手中的动作。这屋子里并不是完全静谧无声的，这里充满祥和，充满一种可感知的温暖能量，散发出阳光般耀眼的光芒。我眼中露出笑意，为能有这个朋友而高兴。如果有人真能战胜癌症的话，那一定是玛丽。

我对怀孕的一切事情都充满兴趣，而且由于及时打了麻醉剂减轻痛苦，生孩子时也不怎么痛苦。虽然打了麻醉剂，但我对那时的一举一动感受都很清晰，好像人生这宝贵的一刻让我突然更加敏感，观察更敏锐。凯莉早产六个星期，虽然医生说没什么问题，但我还是异常恐慌，生怕她会出什么问题。直到医生将她抱到我的面前时，我才放下心来。

马克一看到凯莉，满脸都闪耀着父爱的光辉，护士帮马克剪断凯莉身上残余的脐带，将她送到跟前。我心中美满幸福的感觉一下子迸发开来，不禁喜极而泣。我抬头看马克，他正看着我们母女同样幸福地哭泣着。我又低下头看着怀抱里的婴儿，满怀母爱地看着她，她是那么漂亮、那么完美，小小的鼻子和脸颊让人爱不释手。

“我的小甜心。”我忍不住想去亲她可爱的小脸颊。

在我的前半生里，除了嫁给马克外，只有此时才让我感到真正的幸福与快乐，其他的一切与此相比都已微不足道。凯莉是我跟马克爱的结晶，我们俩四目相对，又哭又笑，完全沉浸在初为人父人母的幸福之中。

因为早产，凯莉必须在医院观察十天，这对我来说太难熬了。我想马上带着她回到树林边我们的家中，我们会成为温馨甜蜜的一家人。但我没办法母乳喂养凯莉，因为我之前缩胸手术的问题，医生那时早已经警告过我。但我现在才感受到那种损失，我想成为一个好母亲，但却不能像其他母亲一样亲自喂养自己的女儿。这件事情只是起点而已，似乎自此之后，事情就开始变得越来越糟糕。凯莉回家更放大了我的恐惧，我爱她爱得深入骨髓，甚至到了一秒钟也不能让她离开我怀抱的地步，每次将她放到秋千或摇篮里，我都备受分离之苦的折磨。我的大脑又像小时候一样开始眩晕旋转，需要找一些事情来分散自己的精力，不管是打扫屋子、清理草坪还是跑步，只要能让我平静下来就可以。当凯莉睡觉的时候，我就带着婴儿监视器在家周围的山上跑步，竭尽全力让自己精疲力竭。只有一件事情能让我心平气和，那就是怀抱凯莉坐在沙发上，但有时候即使这样也不能让我的大脑平静下来。除了蛋白奶昔和蛋挞外，我基本上不吃其他东西，吃得少能给我一种奇怪的宁静感，让我感觉自己还是能掌控自己生活的某一个方面。怀孕时我胖了二十六磅，但现在很快就瘦下去了，我也没有把瘦下去的体重吃回来的打算。我感觉自己跟正常人不一样，也知道一定是哪里出问题了，但却找不到问题的症结所在。

一天早晨，当我将凯莉放到摇篮睡觉，自己去厨房泡蛋白质粉时，一刹那间，一股深沉的痛苦将我攫住，然后我就忍不住放声大哭。那时我感觉心里唯一的安慰和希望就是把女儿紧紧抱在怀中，她需要我，我也需要她。我回到卧室将她抱在怀中，轻轻地摇晃着她，那一天，我一直保持着这个动作直到马克回家。

"嗨，甜心，我们的小宝贝怎么样了？"他问。

"她很好。"我说，低头看着她红扑扑的小脸蛋。

"早晨出门前我让你打的电话，你打了吗？"他问。

"没有，我没打。"我将马克的问题解读为他对我的指责，因此提高声音应对，而没有意识到自己的过度敏感。

马克忧心地看着我，我努力想挤出一个笑脸。

"没事，没事，"他说，"明天上班路上我会打的。"

这样的场景在凯莉刚出生那几个月里已经多次发生，马克对我的反应越来越感到担忧，他想尽量帮助我走出这种情绪。一天早上，他既没有开车赶去办公室也没有去跟客户见面，而是端着一杯茶在餐厅来回转悠，我当时像往常一样抱着凯莉坐在那里。

"要不我照看一会儿凯莉吧，你去跑会儿步，我知道你最喜欢跑步了。"

一想到要跟凯莉分离，仅仅是一小时也会让我惶恐到窒息，但我知道马克只是想让我开心一点，而且他说的也是对的，我尽量挤出一个苍白的微笑，将宝宝递给他。

“谢谢。”我说。

我还是耐克旗下的运动员，他们还幻想我生完孩子恢复状态后，会重新回到赛场。我心里清楚自己这辈子都不想再回到竞技场比赛，但我觉得自己还是有必要保持健美身形。屋子里有一台专业跑步机，我可以用四分钟跑一英里。换好衣服和跑步鞋之后，我走上跑步机开始做热身运动，两分钟之后恐慌和悲伤将我彻底淹没，然后我就在地板上蜷缩成一团，双手捂着脸痛哭流涕。

为什么这一切会发生在我身上？我心里想。我抬起头看向屋外环绕的平静树林，这是一所很舒适的房子，风景优美，我们夫妻之间生活美满，现在还有了一个可爱的小宝宝，我也不必再强迫自己面对比赛的折磨。生活里已经无须再忧虑什么，也无须再恐惧什么，可为什么即使我不断对自己说着这些话，希望能让自己好受一点，心中的痛苦与悲伤还是不断增强呢？我想起楼上的马克和孩子，马克一直面带忧虑地看着我，我却无法向他倾诉这一切，即使他是我的丈夫。我还想起了自己的父母，他们现在把全部心思都花在凯莉身上了，我与他们之间因跑步而产生的隔阂都已随风消散，现在他们将自己的关心都倾注到凯莉身上，我和马克十分乐于见到这种情形。我跟姐妹们的关系也开始变好，她们都希望我赶快生个孩子，这样就可以跟她们的孩子一起长大，二姐甚至提出如果我比赛不方便带孩子，她可以帮我带。我们的小天使不仅给马克和我带来无边的欢乐，还重新拉近了我与家庭的关系。我不想承认我当时感觉多么脆弱和无助，特别是本应如此幸福的时刻。我内心祈求这一切都能够马上过去。

几个星期过去，一切都没有好转，我再也无法否认自己内心的痛苦。在一次我带凯莉去看医生时，医生在对凯莉做检查时笑着跟我聊天。

“你最近怎么样？”她问。

我深呼吸，强迫自己说实话。

“事实上，我最近一直不太好。”我努力忍着不让泪水夺眶而出。

“生完孩子后有些人会得产后抑郁症，这很正常。”她说。

知道发生在自己身上的事情不只是我一个人的原因，这让我备感放松，但她说的似乎跟我的实际情况也不大相符，我一直以为产后抑郁症是因为新母亲不想整天围着孩子转造成的，但我的情况恰好相反，似乎只有围着凯莉转才能让我感觉好一点，她已经成为我生命中的唯一安慰。

“你心里有过伤害自己或孩子的念头吗？”她问。

“没有！”我回答道，被她的话吓到了。

“很好，”她说，“好好照顾自己，两周后回来复诊，如果这期间症状恶化的话，马上给我打电话。”

我点头，赶忙将凯莉抱入怀中走出检查室，心里希望能马上回到家中，那是唯一让我觉得安全的地方。

为了让自己恢复正常，我忙于为凯莉准备她人生中第一个圣诞节。虽然她还太小，不知道发生了什么，但仅仅是给她穿上可爱的圣诞服装和买礼物就已经让我非常快乐。平静的生活在 12 月 15 号被打破，玛丽的丈夫福瑞德打电话来告诉我一件我心底一直担忧的事。

“苏茜，玛丽过世了。”他说。

泪水止不住地夺眶而出。

“她一直在与病魔斗争，”他说，“她从来都不想死，决心不让病魔战胜她，但她没法获胜。她走了。”

我哭得泣不成声，挂掉电话后瘫坐在地上。玛丽不只是我的朋友，她还是除马克之外唯一能让我吐露心声的人，我崇拜她的活力和自信。每当我不敢发出自己的声音或为自己辩护时，我就会想到玛丽，如果我能够多向她学习，自己最终也会变成那样的。但现在她却永远走了，她还没来得及得到我没参加她婚礼的补偿，她还没有孩子，还没有亲手抱一下凯莉。我们再也不能像以前一样一起散步、聊天和跑步了。她真的走了。

我的抑郁病症变重，现在除了凯莉，没有什么东西能让我平静下来，甚至有时候凯莉也不行。作为我们州的体育明星，经常有人邀请我参加一些慈善或商业活动，我从来就不知道怎么拒绝人，所以最后总会不知怎么的就跟人签下一些后患无穷的合同，这让马克备感烦恼。我就是这么入了房地产经纪人的坑，而之前从没有成为一名房地产经纪人的想法。当然最后会演变成马克接手这份生意，因为我的病情已经无法承担这份责任。马克他拥有房地产经纪人资格证，我们住在俄勒冈时，他还干过一段时间这个生意。这份生意说起来是我们自己的，但其实我们只是一家大房地产企业下的独立承包商，我们办公室和网站都附属于这家大公司。

幸运的是，马克天生的稳重、好脾气加上他的法学背景让他在新工作中如鱼得水。只要不是太忙，不让我整天见客户的话，我对这份工作也比较喜欢。

那年夏天，我得到另一个好机会，既能补贴家用，还能将我从抑郁的困境中解脱出来。贝吉体育给我提供了一份工作，这是一家为威斯康星大学代理广告的公司。这份工作薪水丰厚，看起来简直完美无缺。马克非常支持我接受这份工作，我也希望自己能像他一样兴奋，只是心底不禁隐隐产生怀疑和焦虑，没有马克在我身边指导、陪伴着我，我真能做好这份工作吗？我感觉自己就像悬在一根细线上一样，这份工作将会是压垮骆驼的最后一根稻草，但我又觉得自己不能让马克失望，有了这份工作我们的收入会稳定很多，不像房地产经纪人一样薪水时多时少。我觉得自己必须接受这份工作。但当上班第一天的日子到来时，我心中的恐惧越来越多，这种感觉就像赛前的焦虑一样糟糕。那天早晨，我几乎都下不了床，当最终迫使自己起床后，我开始哭泣。

马克抱着凯莉走进来时，正好看到这一幕。我们的房地产经纪人业务刚起步，还不太忙，所以我工作的时候他就留在家里照顾孩子，我们俩都忙的时候就请人代为照管。

“马克，我不想去了。”我泪眼蒙眬地对他说，希望他能理解我的感受。

“你反应太过度了。”他被我的反应吓到了，毕竟我之前还兴致勃勃地想要接受这份工作。

这一刻我感觉自己好像要崩溃了，但还是逼迫自己面对这个问题，就像自己以前无数次做过的一样。

我对自己这份新工作马上变得无比厌恶，虽然表面上向包括马克在内的所有人都装作自己喜欢这份工作。我喜欢跟客户见面，因为与枯燥的办公室比起来，这还挺有意思的。我要做的只是去跟客户聊天，大部分客户都是男的，他们对我都很和善。而且好像我接触到的每个客户接到我的电话时都很震惊，很想跟我见面。但我很快就注意到客户并不是对我的推销感兴趣，他们只是想带着我到处炫耀，将我介绍给他们的商业伙伴，吹嘘他们跟三届奥运会选手苏茜·汉密尔顿一起吃过午饭。或者他们会请我去他们女儿的学校露面，还有其他乱七八糟跟工作没有任何关系的活动。我觉得自己只有尽量取悦他们才能做成一笔买卖。即使这样也比待在办公室的感觉好，在办公室里，所有人都觉得我徒有其表，老板一刻不停地打量着我，好像在确认我的工作能力。现在回想起来，当时同事的看法可能是正确的：我是因为名气才得到这份工作，而我的能力确实不足以胜任这份工作。我努力工作，但却没挣多少钱，我感觉自己正在打一场注定失败的战斗。我开始反思自己到底在干什么，做着一份自己讨厌的工作，这份工作让我无法承担自己生命中最重要的角色——母亲，但我又觉得自己无力去追求自己真正想要的东西。除了广告销售的工作外，我还在晚上和周末帮助马克处理房地产经纪的事物。以前我还时不时地到处做励志演讲，现在发展成专业的励志演讲人，我要经常出差去外地做演讲。我感觉自己精疲力竭，但却咬牙坚持着。

信息的沟通是十分重要的，特别是涉及精神疾病时。但是不戴有色眼镜看待精神疾病在我们的文化中仍任重道远，对精神疾病的认识和研究也很落后，比如医生们才刚发现躁郁症与产后抑郁二者之间有明显联系。最近一项研究表明，孕妇产后体内荷尔蒙会下降，间接增加患上躁郁症的风险。曾经有过抑郁病史或家庭成员有躁郁症的女性更加容易患上躁郁症。但孕妇躁郁症确诊更加困难，因为孕期女性经常会有各种极端情绪，从兴高采烈到易怒等都会导致失眠、饮食不振等问题，人们通常不会意识到这也是躁郁症的症状。而且人们仍然戴着有色眼镜看待精神疾病，女性通常不会坦白自己的家族病史。就我自己来说，因为我有躁郁症家族病史，产后我属于躁郁症高发人群，可我已经习惯隐藏自己家里的事情，再加上刚当上母亲让我心花怒放，我没有向医生坦白自己的情况。甚至当躁郁症病情开始发作时，我们俩也没有意识到这是疾病造成的，我们没有意识到我所面对的困境。现在我将自己的故事坦白出来，希望能帮助到那些刚为人母的女性们，让她们得到正确的诊断和治疗，不再视疾病为羞耻的事情。

≈fast girl≈

那天晚上见完客户开车回家的路上，心中积郁已久的负面情绪一起爆发，让我再也无法承受。我抓紧方向盘想要撞向路边的一棵树来结束自己的生命，时近午夜，空旷的沥青马路上没有一辆车，我静静地穿行在大橡树枝下。我不想伤害任何人，不想车祸伤及别人。我握紧方向盘，开得越来越快，心里已经下定决心自杀。大脑也开始风驰电掣，想象着接下来就要出车祸的地方，这一切很快就结束了。

≈≈≈≈≈≈≈≈≈

7

自杀的念头

我一边兼职一边上班，就这样熬过了八个月。一天早上我又迟到了，当我偷偷溜进办公室时，老板把我叫进他屋里，问我："苏茜，现在几点了?"那口气就像在问一个小孩子。

我不喜欢他这种居高临下的派头，有点生气，但我从来都不会顶嘴，只是红着脸低下头。

"十点了。"我说。

"你应该几点上班?"他问。

"九点。"我说。

"你不是第一次迟到了，"他说，"我觉得你是两头分心忙不过来了，我知道你还在兼职做演讲，但你得权衡一下，到底是想做这份工作还是想当一名励志演说家。”

老板的最后通牒并没有让我惊慌失措，相反我感到一阵放松。事实是我早就想辞掉这份工作，只是不知道怎么开口。

“我辞职。”我说，心情是近几月以来前所未有的舒畅。

“什么?”我的老板很吃惊，没想到我会这样回答。

“你让我选择，现在我已经选好了，”我说，“我选择辞职。”

当我走回工位开始收拾自己的东西时，感觉整个人都像要飞起来了。我不再在乎办公室里其他人会怎么看我，我再也不用到这里来了，我高兴得不能自已。只有马克的态度让我有点担忧，我不知道他听到这个消息后会作何反应。

“你说什么，你辞职了?”那晚他质问我，“你不觉得辞职这种事要先跟我商量一下吗?”

“他当时让我做选择，我就选了。”我的心情因为马克的反应而低落，我不想让任何人不开心，尤其是马克，“我讨厌那份工作，我真高兴自己再也不用回到那里去了，我不适合坐在桌子前当白领。”

“好吧，苏茜，”马克叹气，“这一切都会过去的，会变好的。”

我又开始跟马克一起卖房子，我们俩是合拍的搭档，我的名气和健康的形象招来顾客，马克的商业意识和谈判技巧能做成生意，我们的公司发展得非常好。随着生意变得越来越忙，我也开始感受到更大压力，即使一周工作五十到六十个小时，我也感觉好像总有忙不完的事情。马克比我还忙，这就意味着凯莉只能由保姆代为照看。我在家时，从喂孩子吃饭到哄她睡觉要一手包办。很快我就感觉精疲力竭，现在我的工作量比上一份大得多，我不喜欢远离凯莉而被工作包围的感觉。而且生意也在影响我们之间的夫妻感情，马克对我的郁郁寡欢非常失望。我以前总是跟他说等我退役后就以他的职业生涯为重，但现在我却没法兑现这份承诺。我们之间开始渐渐滋生一种紧张的氛围，而且我能感觉出来，马克在尽量控制自己不爆发。我觉得他对我要求太多、太高了，有时候当我完不成自己的工作或犯错时，马克会帮我解决，但有时他也会忍不住指出我的错误。每当他这么做时，我都异常敏感。显而易见，夫妻俩不应该一起工作，但那时我们俩并没有意识到这一点，因为之前我们都是在一起的。我讨厌别人不关心我内心渴望的东西，尤其讨厌面对任何事情都很无力的感觉。我没法敞开自己的内心对马克说我不开心，我想要改变。

接下来的一年半里，我尽自己最大的努力把一切做好，但情况却越来越糟。到 2007 年 3 月份时，如果马克在家，我还能勉强撑住，但只要他离开家去公司，我感觉整个人都崩溃了。我会变得非常焦虑，不断前后晃动自己，只要一开始就停不下来，好像重复这个动作能带来一丝安慰，但其实一点也没见好。任何事情，哪怕是生活中的一点小事都让我感觉崩溃。我坐在卧室的床上不断前后晃动，家里的两条狗在屋子里一直叫。愤怒将我淹没，接着，眼泪流出眼眶，*为什么它们不能停下来呢？我晃动得更厉害，努力让自己平静。我没办法改变自己的情绪，我现在有孩子，有工作，这就够了。我讨厌房地产，我跟自己的丈夫也相处得不好，我真希望这一切都赶快过去。*

自慰是为数不多能给我带来安慰的事情，马克不在家的时候，我就忍不住一直自慰，被一种永无止境的空虚感包围，每自慰完一次就想进行下一次。马克打过电话来时，我刚开始手淫。

“苏茜，你在哪儿？家庭招待会你已经迟到一个小时了。”

“对不起，马克。”

“我不能一直替你干好所有的事情。”他说。

“我知道，对不起，我现在正在路上。”

那天晚上见完客户开车回家的路上，心中积郁已久的负面情绪一起爆发，让我再也无法承受。我抓紧方向盘想要撞向路边的一棵树来结束自己的生命，时近午夜，空旷的沥青马路上没有一辆车，我静静地穿行在大橡树枝下。我不想伤害任何人，不想车祸伤及别人。我握紧方向盘，开得越来越快，心里已经下定决心自杀。大脑也开始风驰电掣，想象着接下来就要出车祸的地方，这一切很快就结束了。我只需要把车加速到100公里/小时，然后撞向拐角处的树林，或在转弯处急拐弯撞向后面的仓库。我已经没有回头路了，一脚踩下油门开始加速。突然一个更糟糕的念头出现在我的脑海中：*如果我没死怎么办？如果后半生都瘫在床上怎么办？也许我该跟我哥哥一样跳楼结束自己的生命，这样更快更保险，也不用恐惧。*

然后我放弃自杀，驱车回家，我的乖宝贝正在家里等着我呢。我脑海中不断浮现出她可爱的脸蛋，想要借此消除负面想法。想起凯莉也让我意识到自己还有更重要的责任，那就是母亲的职责。

你不能抛下自己的孩子，没有你，她今后的日子该怎么过啊，你要为爱你的人多想想，你要记着凯莉，如果你已经生无可恋，至少为她活着。

当到家门口的时候，我感觉整个人像被抽空了，呆呆地坐在车里，手紧紧抓着方向盘，想起自己刚才差点自杀成功就感到一阵阵后怕。那一晚我整个人都感到很困惑，被心中无法消除的消极想法不断折磨。那天晚上把凯莉哄睡后，马克和我走到阁楼上坐谈，他要问我至少两遍，我才能打起精神来回答他的问题。

“你怎么了，苏茜？”他说。

我当时十分疲惫，脑子里一片混乱。我讨厌现实的一切，讨厌这份工作。我感到精疲力竭，希望能把马克赶走，只留我一个人好好静静。

“我今晚差点自杀。”我说。

屋子里的空气好像凝固了，我们彼此瞪着眼对视。我本来没打算告诉他这件事的，不知道怎么就脱口而出了。但话一说出口，我就如释重负，我知道自己其实不是真的想死，虽然活着情况也不会变好。

马克听后松了一口气，怒气早已消退，走过来紧紧抱住我。

“立刻，马上，我希望你给医生打电话，”他说，“如果你不想打，我给你打。”

我不想打这个电话，心里抵触向别人坦白自己的真实情况有多糟，就像我对所有事情都带有抵触一样。马克的怀抱给我很大支持，也是他的支持让我有勇气把一切说出来。我走下楼开始打电话，等了一会儿对方前台接了电话。我马上就要向一个陌生人袒露自己的心声，这是我以前从来没有过的。

“我想要见医生。”最终我鼓起勇气开口。

“不好意思，现在预约三个月后您才能见到医生，”前台说，“医生的预约日程已经排到三个月后了。”

我在想是不是应该挂断电话，但是考虑到马克在我身后，即使我挂上电话他也会打给医生的。我知道自己必须吐露实情，只是我不想大声说出来，好像别人会听见一样。麦迪逊每个人都认识我，如果他们知道我差点杀了自己怎么办，他们会怎么想呢？“我今晚差点自杀，我需要立刻见医生。”挣扎之后我还是说了实话。

“那你明天早上一早就过来，”她说，“你现在还好吧？需不需要先去医院？”

我转头看看马克，他正面带关怀地看着我。

“我丈夫在这里陪着我，”我说，“感觉还好。”

其实我内心并没有感觉自己会变好，当我早晨去医生办公室时，我几乎不敢抬头看填表的护士。

“您今天来是看什么病情的？”她问。

我不知道该怎么回答这个问题，不断交叉着自己的双手，努力忍着想要立刻冲出去的冲动。

“我感觉不舒服。”我说。

等到医生走进来并对我微笑示意时，我立马崩溃了，不能自已地号啕大哭。她当时坐得离我很近，让我抬头看着她。

“一切都会变好的，别担心，”她说，“我们会帮助你的，你会变好的。”

我对医生的话感到怀疑，感觉人生的一切都是这么无望。*你是认真的吗？我想，你怎么会一下子就让我变好呢？*

如果一个药剂师告诉我他会让我变好，这倒更让我信服一些。我知道自己必须完全坦诚自己的经历，如果我还想战胜疾病的话。

“昨晚我想自杀。”我说。

“我觉得你可能得了抑郁症，”她说，“我想你需要药物治疗，我会给你开百忧解，出去的时候你就可以开始服用了。”

这一段时间里，马克一直对我的行为举止很留意。最终，将所有的事情都说出来让我感觉很轻松，就像我在医生办公室里经历的。服用的药物也渐渐开始发挥作用，百忧解对我的病情有明显改善。我一直有的困惑感消失了，看到朝阳初起或凯莉甜美的笑容偶尔会让我备感快乐。因为现在通勤时间太长，我们打算搬回麦迪逊，这样凯莉离学校会近点儿，她跟小伙伴也能多相处相处。我全身心投入到搬家的喜悦中，打扫新屋子，拜访新邻居。

跟医生见完面后，她推荐我去看一位心理医生，不过这次会面不怎么好。他认为包括我的家人在内，所有人都需要进行团体心理治疗。这真是一个馊主意，我绝不会让这种事发生。结束在他那里的治疗，我马上打电话给医生，让她给我换一个心理医生。

在家里，我觉得姐姐们对我还是有些怨气，因为我为了跑步远离她们，远离这个家庭，我也不感激父母为我的付出，好像跑步带来的名气让我有些膨胀，跟他们疏远了。我觉得父母心底一直记得我婚后搬到加利福尼亚这件事，还有哥哥死亡这件事带来的纷争，我们之间的关系好像一直很生疏。有一次，我偶然知道家里还有其他人在服用百忧解，这样他们就应该知道我的处境和感受，因为我也在接受抗抑郁治疗。当时我们在父母家小聚后打算离开，克丽丝说到一个朋友最近自杀了。

“其实我也想过自杀，”我状若轻松地说，“现在我在服用百忧解。”

克丽丝看着我的母亲，不过两人都没说话。即使经过丹的事情，沉默仍然是我们这个家庭面对这种事情的唯一态度。我其实也没指望能从他们那儿得到什么回馈，但他们的沉默还是让我很受伤。我转身去找马克和凯莉，只想赶快回到自己的家中，只有在那里才是安全的。

经过一年的治疗后，我感觉自己好多了，好像已经康复。而且我跟主治医生之间也没有什么新鲜话题聊，该说的都已经说过。我停止服用百忧解，因为我不喜欢这种药的副作用，服药之后我体重增得很快，人也变得懒惰而没有生气。当运动员时，我一直活力四射，体形纤巧，现在变成这副样子让我难以接受。

刚开始停药什么问题都没有。在麦迪逊的生活十分舒适，我忙于照顾凯莉，其余时间帮着马克处理房地产经纪的事务。精神状态虽然有所好转，但处理工作时还是备感吃力。我好像做什么都是一团糟，总是犯错，让马克很难堪，或者说我心里觉得马克会这么想。我觉得马克心里对我一定很不满意，可他不明白我心里已经受够了这一切，受够了卖房子的生活。

停药三四个月后，抑郁症再次发作，我的大脑又开始不受控制地运转。心里总是浮现出要伤害自己的想法，无法驱散。焦虑的旋涡将我淹没，我根本静不下来。不管做什么，一旦开始我就停不下来，我在屋里跑步，不断地自慰。曾经所有的症状更猛烈地开始爆发。我再次到了崩溃的边缘，急需帮助。

我再次打电话给医生预约见面时间，护士告诉我还得三个月才能安排上预约。这一次我还没到自杀的程度，用不着像上一次一样大惊小怪。我觉得继续服用百忧解，大概一切就都会回到原来的样子。我另找了一个医生周末见面，向她简单说了自己的病情。

“我患上抑郁症，后来自己把药停了，”我说，“有人跟我说，如果你先前服药，停一段时间再次服用，效果会降低。”

“那就换一种药吧，试试左洛复，”她说，“这种药对抗抑郁药效很好。”

“好的。”我说。

我轻松地以为这种药会跟百忧解一样，吃了几个月之后我就会变好。事实也确实是这样，在我服药大概六个星期后，病情就开始转变。只是这次并不像以前一样回到原来的状态，左洛复药效确实很强，我不再抑郁，也不再想自杀的事情，相反，我想活得更有激情。我想跑半程马拉松，想要尝试新东西，想要过跟在麦迪逊不一样的刺激生活，现在的生活枯燥乏味，一眼就能看到底。

我体内突然出现与年龄不相配的活力，这种感觉很惊人，特别是在经历过抑郁症那种对人世绝望的体验之后。早晨我迫不及待地起床，为一天的事情做好计划，一件件完成，然后更期待新鲜事物的到来。自从2005年生下凯莉后，我就正式淡出体坛，现在是一名颇为成功的励志演讲师。很快我演讲的题目就不只局限于自信等老生常谈的话题，而开始公然谈起自己的抑郁症，还有哥哥的死。即使在我最绝望的日子里，我也一直在做演讲，演讲给我力量，在公众面前演讲从未让我感觉紧张。将以前家里视若禁忌的话题正大光明地说出来感觉很好，发现自己拥有帮助他人的能力更好，他们都是在听过我的故事后跑来向我倾诉自己的问题，并告诉我他们从我的故事里汲取多少力量和希望。由于左洛复的原因，我开始参加更多演讲，也很享受这个过程，因为当站在台前向观众演讲的时候，我感觉自己精力充沛、热情洋溢。

人们很喜欢我演讲中所拥有的活力和正能量，通常到演讲快结束时，我会让人们站起来一起跳舞到最后。对我来说，放松的方式就是保持动起来的状态，我希望听众也能像我一样感觉到放松和欢乐。我喜欢放眼望去，人海中那一张张先是极不情愿的脸渐渐变得由衷的高兴和快乐。这对我来说就意味着成功和肯定，我也想加入他们的行列。唯一扫兴的事情就是我需要顾及家庭对我公开演讲的态度。威斯康星是个小地方，不久他们就知道我公开讨论我哥哥丹的事情。我母亲十分恼火，她把家里所有人都叫到一起，我知道其实她只是想让一家人坐下来聊聊，但这种形式还是给我一种感觉，那就是她联合我的姐姐们一起对付我。最后我带着满腹的委屈和误解离开了，跟他们的隔阂越来越深。

总的来说，我的生活正在变好，我对生活也开始重燃希望。当我跟马克一起商量一些特别节目纪念我们结婚二十周年纪念日时，我的脑子里满是各种探险活动。我们俩都明白需要搞点特殊的形式纪念我们的结婚纪念日，不仅仅因为这个特殊的数字，也因为这几年我们俩之间不断发生的冲突和不满。我们一起工作的五年里总是有各种争吵，严重的时候马克都不回家，经常忙到后半夜，在体育馆凑合一夜。我们俩待在一起的时候，经常不知道怎么就吵起来了，甚至有一次情绪失控，我们在马克父亲面前大吵一场。那时正是我们二十周年纪念日前不久，我又一次搞砸了马克让我弄好的一份合同，只是这次确实很严重，至少马克是这么说的。当时他父亲就站在跟前，但我们俩还是忍不住吵起来，因为我异常敏感，只要一感觉到他是在指责我，就会异常愤怒。

“苏茜，我们可能会被起诉。”马克愤怒地说。

“得了吧，马克，”我说，“起诉有什么大不了的，日子不还是照常过吗?”

“这很重要!”马克说，“非常重要！我们可能会被起诉要求赔偿十万美金。再有什么事情的话放着我来处理，行吗？我不会把它搞砸。”

“得了吧，马克。”我说。

“不，是真的。苏茜，我一直跟你说要学会这些东西，但你却一直学不会，你到底是懒还是怎么回事?”

“我有学习障碍，”我喊道，“你知道的。”

马克不相信我已经在尽全力工作，但他对我从不会像我对他一样那么大火气。他的应对办法就是埋头工作，如果我们俩不一起工作，就不会有争吵。所以我们俩开始分离，我一直觉得是工作造成的，从来没想过自己的原因。

这时我努力忍着不哭出来，我讨厌他对我说话的样子。我不是不努力，只是房地产考试对我来说实在太难了。我做不到。

我们结婚已经有二十年了，虽然有这些矛盾，但大部分时间里还是非常幸福的。我一直以为自己的婚姻是独一无二的。马克之前一直把我的跑步生涯放在他职业规划的前面，他心甘情愿为我这么做，因为他知道我有跑步的天分和梦想，他想做自己所有力所能及的事情来帮助我实现自己的梦想。我们对彼此的爱都是无条件的，这在我们周边的朋友中是十分稀少的。我们俩兴趣爱好也不大一样，马克是个很安静的人，做事勤勤恳恳、一丝不苟，但我却喜欢聚会和热闹，我们俩都接受对方最真实的自己。虽然最近关系比较紧张，但我们俩仍深深爱着对方，从没想过离婚。当我开始服用左洛复时，我们俩都天真地以为这也会间接改善我们俩之间的关系。这药确实也有作用，那几天我们俩基本没怎么吵架，都希望能享受浪漫的纪念日，重温当年的激情。

≈fast girl≈

她的行为很轻柔而流畅，身上的味道闻起来也很迷人，一举一动都很缓慢而谨慎。我能清晰地感知到她的舌头在我嘴里搅动的感觉，我站在她面前，两个人紧紧抱在一起，她柔软顺滑的皮肤不断摩擦着我。然后她将我拉到床上，我在跟一个女人接吻，这次是真的，而不是像以前一样是自己想象的。我真的是在亲女人，做自己一直渴望而不敢做的冒险，我的大脑被这种感觉刺激得有点眩晕，身体也开始发烫。

≈≈≈≈≈≈≈≈

8

维加斯际遇

大约在我们结婚纪念日前一个月的晚上，马克加完班回家时，我在看电视，看到马克回来我高兴地从床上坐起来。

“我一直在计划结婚周年旅行的事情。”马克当时坐在床边，我倚在他身上说。

“那你都计划好了吗？”马克问。

“我们去拉斯维加斯吧。”我心里充满关于拉斯维加斯之旅的种种幻想。我们俩都非常喜欢拉斯维加斯，之前已经去那里度过几次假。

“我真是太喜欢那里了。”马克说。

马克在家里一直负责处理所有的事情，我也很喜欢这种依赖他的感觉。当马克开始准备度假的事情时，我心里一直在想象即将到来的维加斯的美好。五天的行程已经被安排得满满的，这次旅行成为我们永远难以忘怀的回忆。只是我必须设法说服马克接受其中的某些安排。

“到了维加斯之后，我想先去跳伞。”我说。

“我记着你说你永远都不想跳伞，你忘了丹的事情了吗？”

“没忘，但现在我改主意了。”我说，一点也没有感到害怕。

马克笑了笑：“行，我们去跳伞。”

“然后，”我停下来想了想，“我想，要不然我们去了之后，找一个高级应召女郎，来一次三人行怎么样？我们之前说过这个。”

马克诧异地盯着我。

“说说是一回事，做又是另一回事了，”他说，“你确定真的想这么做吗？”

虽然我跟马克的关系现在有些紧张，但我们一直很恩爱，夫妻生活也很满足。我们这些年来基本什么花样都试过，而且之前我们多次讨论过有机会来一次三人行的事情，只是一直没有付诸实践。马克知道我对女性很有吸引力，这些年来我只有过马克一个人，从来没跟其他人发生过关系。虽然我生活的地方非常保守，但我从青少年开始就飞来飞去比赛，再加上我是女子体育运动员，同性恋在这个圈子里已经见怪不怪。三人行这个想法从大学时候就有了，我们俩一直在探讨通过这种方法来弄清我真正的性取向而不危及我们的婚姻。现在我已经下定决心想尝试一下。

“好嘛，这会很有意思的。”我说。

“好吧，”马克讪笑着同意，就像所有男人遇到这种事时那样，“应该会挺有意思的。”

马克制定整个旅程安排，先在曼德勒海湾度假村的酒店订了一间套房，然后在一家饭店预订了一顿浪漫晚餐。随后他开始预订跳伞服务，最后他打开一家高级应召女郎网站开始研究。第二天他拉我到电脑跟前，打开一堆图片让我挑选。

“你喜欢哪个？”他指着电脑上的照片问我。

“她吧，她真好看，”我指着一个名叫珍珠、皮肤浅黑的女郎说。她看起来人很甜美，非常讨人喜欢。

“我也觉得你会喜欢她，”马克说，“那就选珍珠吧。”

我近距离看着珍珠的照片，心中异常兴奋，感觉内心的某种东西被唤醒。我们真的要这么干吗？我们真的要这么干！我甚至无法想象会发生什么，只是觉得自己想这么做。现在看来，我们当时的想法很幼稚，但当时我们真的不知道召妓是违法的事情。我们觉得自己付钱雇她一起玩，剩下的事情就是我们之间的，与其他人无关。而且更有意思的是，对方似乎更担心我们会出问题，所以当马克打电话预约珍珠的时候，对方说需要进行顾客身份背景调查，让马克告知自己的工作，他们要打电话确认马克的身份。马克当然觉得这让人很不舒服，但客服表现得既机智又专业，她安抚马克并向他保证不会泄露客户任何私人信息，最后这名客服假装富国银行的客服打给马克的公司进行身份确认。我们的身份确认之后，客服打电话过来告知交易达成，她询问我们预订的时间，以及我们想要珍珠如何梳妆打扮。马克对整件事情仍然感到不太自在，尤其想到珍珠要正大光明地走到我们的套间，他不想别人知道他在召妓。所以他特别要求珍珠打扮得跟普通人一样就可以，这样不会太扎眼。至于我已经高兴得有些飘飘然，完全没有这些顾虑。

飞机刚在拉斯维加斯着陆，我就开始兴奋得不行。我坐立不安，感觉整个人都要炸开了。第二天早晨，本来我跟马克要到另一家宾馆门前坐车去跳伞的地方，当我们从宾馆舒适的空调房走到酷热干燥的街上时，马克就开始摇头。

“苏茜，还是别去了，”他说，“还是取消吧，我们可以去游泳池消磨剩下的时间，直到晚上的约会。”

但我还是想跳伞，我感觉血管就像通了电一样，那种熟悉的肾上腺素飙升的感觉又回来了。

“别担心，我想到该怎么做了。”我说。

“你要干吗?”他哈哈大笑，问道。

我在马克的笑声中开始跑步，马克别无他法，只能在这种天气里跟着我一起跑。他日常生活中很注意锻炼，身材也一直保持得很好，所以当我穿过几个街区跑到汇合地点时，马克几乎没落下。我们赶到那里时时间刚刚好，但当我们看到预订的豪华轿车时却大失所望，那辆车又老又破，看起来就像马上要散架的样子，司机已经在那里打开车门等我们。马克和我大眼瞪小眼，耸耸肩膀上了车。我坐在后座上，马克在旁边挨着我，车里还有一对新婚夫妇和新娘的父亲，等待开车这一小段时间里，我们简单聊了一会儿。他们在我们之后跳伞，然后我们会一起回到这里。

到郊外飞机场车程三十分钟，当我们行驶在州际公路上时，听到车子后面发出异响。

“怎么了?”我问。

“不知道，但听起来好像什么零件坏了。”马克向后盯着车窗说。

车到达机场时，我变得很兴奋，我们是双人跳伞，每人跟一个教练。教练让我们马上穿上跳伞服，没进行任何跳伞前的指导，这让我们颇为失望。当跟我们一起乘车过来的人在排队等待跳伞时，我们走向一架崭新的飞机，闪亮的外观在耀眼的阳光中熠熠生辉。能搭乘这么豪华的飞机着实让我俩喜出望外，马克转过头来对我笑，看起来十分满意。

然后教练带着我们经过那架漂亮的新飞机走向旁边一架没门的小破飞机，这架飞机看起来就跟我们来时乘坐的汽车一样烂。马克看着这架好像要散架的飞机露出满脸的怀疑，我被他的表情逗得哈哈大笑。马克是个很务实的人，跳伞前他就做足准备功课，选了一家一流的公司确保跳伞时不会出现任何问题。在我们家一直是这样，他负责计划一切事情，我只要负责享受就可以。这一次也不例外。

当时飞机上还有一名跳伞者，他已经跳过几次伞，还要继续挑战。飞机上升到大概距地面一英里时，他对我们俩微笑示意，然后走到门旁轻轻一跃就此消失不见。我当时心里想，他下落得真快。我回头看马克，他面色发白，有点害怕。以前通常我是那个害怕的人，而他是我的倚靠，今天正好反过来。

又过了十到十五分钟，飞机上升到适合我们跳伞的位置。飞机不断飞高时，马克的脸色越来越白，看起来非常紧张。接到教练示意可以跳伞的信号后，马克突然站起来走到门口，背对蓝天白云，在我还没来得及跟他说几句什么的时候就跳出舱外。我的心开始下沉，*也许我做这一切真的太草率，我甚至没来得及说声再见。希望马克一切安好。*

接着就是我跳伞。我慢慢走向门旁，等我意识恢复过来的时候，我已经在天空中，心里激情似火，热情高涨。我们身上都带着固定摄像机拍摄我们跳伞时的一举一动。整个跳伞过程中我都在对凯莉说话，希望视频保留下来凯莉将来能看到。“天哪，凯莉，真希望有一天能跟你一起玩跳伞。天哪，太不可思议了，凯莉你以后一定要来试试。”

脚下的世界渺小而遥远，我似乎可以看到整个内华达州。这个场景太壮观了，眼前的每一样事物都很壮观，这是我生活中最美好的一天，我不禁放声呐喊。

在空中自由落体几分钟后我们降落在沙漠中，马克和他的教练早已在这里等我们。我的教练已经跟我分开，我转身给了他一个大大的拥抱。

“天哪，你简直太让人惊讶了。”我对他说，不想放开他。

我们俩站得比较近，我轻佻地靠在他身上。

“谢谢!”我继续说，“谢谢！这次经历实在太让人惊喜了。”

我喜欢他，我喜欢马克，我喜欢所有人，我还喜欢整个世界。这次跳伞相对于整个地球来说，只不过是轻轻地跳一跳而已。

“你真是太棒了，”我的教练夸奖我，“我希望能一直跟你跳伞。”

“我们还能跳一次吗?”我跃跃欲试，还想再跳一次。

马克笑着摇摇头，感觉我就像个想再坐一次过山车的淘气孩子。他对我的轻佻已经习以为常，尤其今天我们为了庆祝结婚纪念日大老远赶来，所以他对我的轻佻举止没有一丝不悦。

“我们要准备回去了。”马克说。

我很失望，但一会儿心情就又变好了，因为今晚的约会更吸引我，我现在巴不得别人赶快跳完好早点回去。当我们最终开始返程时，车在高速公路上突然抛锚，我们还在困惑地看着对方时，司机已经反应过来跑到车后备厢处。马克打开车门准备下去看看，一开门一股热浪就扑面而来。我的好奇心又被勾起来，所以也下车来看看发生了什么事情。当我们走到车厢后面时，看到司机正弯着腰撕下一块牛皮胶带，他就是用这东西绑着松动的尾翼。

“你简直是在开玩笑。”马克说着吓得倒退数步远。

马克的反应逗得我哈哈大笑，觉得这一切很有意思。

“呃，那个……”司机嗫嚅，看起来有点理屈，“我很抱歉，不过别担心，一切都很好，我会安全把你们送回去的。十五分钟就够了。”

听了司机的话我更想笑，这股抑制不住的冲动就像打喷嚏一样，但我还是成功忍住，眼前的一切看起来都挺有意思的，为我的维加斯之旅添枝加叶。

“我会补偿你们的。”司机说。

我跟马克又莫名其妙地看了看对方，不知道说什么好。然后司机不知道从哪里掏出两瓶银子弹啤酒来，一人一瓶递给我们。“喝吧，我请你们。”他说。

我和马克低头看看手中的酒，然后又抬头看看对方。这又是一次计划外的意外事件，但还挺有意思的。等我们回到车里时我们俩一起笑起来，我们打开啤酒并重重地碰杯。

“干杯。”马克说。

“干杯。”我回应。

“酒不错。”他说。

我们俩笑得更开心，然后开怀畅饮。

回到酒店时刚过六点，我还没有从跳伞后产生的眩晕感中恢复过来。应召女郎七点过来，我要先准备一下。我穿上临时买的一套内衣内裤，然后找出一件淡蓝色的太阳裙，这件太阳裙很短，正好可以尽情展示我的美腿，跟我的肤色也很搭。一整天我都被兴奋和眩晕感包围，现在却突然感觉有些紧张，我脑子里反复在想，应召女郎来时会是怎样的情景。真人会跟照片上的人一样吗？

会不会出现的是一个很普通的站街女，虽然有着一头秀发化着浓妆，但仍掩饰不了一身的疲惫。我不知道自己会不会喜欢她，如果我真的喜欢女人的话那会是一种什么感觉？

“你还好吧？”马克一边系着衬衫扣子一边问我，他穿着白衬衫和蓝色牛仔裤，看起来休闲而帅气。不管紧不紧张，这都是我渴望已久的冒险活动。我打量着镜中自己的容颜，将满头秀发向后舒展开。

“没事，我感觉很好，”我说，好像在鼓励自己一样，“我真的很兴奋。”

“你要来点伏特加放松一下吗？”马克走向吧台。

“好的。”我说。

我们坐下来喝着伏特加欣赏拉斯维加斯落日美景，夕阳西下，灯火辉煌的夜景驱散黑暗，向人们展示不夜城的纸醉金迷。七点刚到就响起敲门声，当我过去开门时，心里十分紧张，期待看看她长得跟照片里是否一样，更期待接下来要发生的内容。我轻轻打开门，迎接站在门口的她。

珍珠一脸欢快地走进来，一点也不感到拘束，就好像我们是她认识已久的老朋友一样。她长得很漂亮，脸上洋溢着光芒，好像刚从酒店游泳池里爬出来，然后穿上可爱的牛仔装来见我们。她有一头齐肩的棕色长发，夹杂着一些金色。脸上化着淡妆，打扮很得体。她看起来面带稚气非常可爱，跟照片上的人一模一样。

“自己找地方坐，不要拘束。”马克说。

她看着我微笑，等着看我坐哪里。当她看到我坐在靠窗俯瞰拉斯维加斯风景的沙发里时，她缓慢而谨慎地坐在我旁边，身体微微向我倾斜。

“你们是第一次来维加斯吗？”她暧昧地问，轻佻的语气让我们明白她话里有话。

这真有趣，我变得越来越兴奋。

“我们很喜欢维加斯，”我说，“我们现在住在威斯康星，但之前已经来过维加斯几次了。”

“那你们这次来是因为什么原因？”她问。

“这次是我们结婚二十周年纪念日。”马克说，手里端着一杯酒给珍珠，同时给我续杯。

“不可能！”她开玩笑地喊道，“你们一定在骗我，你看起来很年轻。”

我和马克听到这话都笑起来，但马克还是有点紧张，虽然他外表看起来镇静自若。

“我们是在大学认识的。”他说。

我的紧张情绪已经消失不见，对眼前发生的事已经完全适应。我们三个又开心地聊了一会天，我真的很喜欢她，她长得很漂亮，人也很聪明，擅长聊天。如果是在生活中相遇，我们一定会成为很好的朋友。

“你喜欢维加斯吗？”我问。

“很喜欢，这里太棒了，”她说，“我还在一家大赌场里当女官，在那里能见到从天南海北飞到这里赌钱的人，这很有意思，我能帮助人们实现他们的梦想，还有什么比这更棒的吗？我很享受现在的状态。”

“听起来很吸引人。”我说，心里觉得这种生活很有趣，比我在麦迪逊枯燥无味的生活要有趣得多。

她看着我的眼神很温暖，冲我会心一笑。然后她把杯中酒一饮而尽，缓缓起身。

“可以开始了吗?”她问完后就走向卧室。

马克和我对视而笑，好像在说，那就开始吧。看到珍珠第一眼，我的紧张情绪就消失不见，她人这么好，也没有什么不一样的地方，这让我很舒心。马克还是有些紧张，可他表面上还是做出一副风轻云淡的样子，我知道他是为了让我高兴，他愿意为我做任何事情。

我们俩跟着珍珠一起走进卧室，珍珠没有丝毫犹豫地脱下自己的外套爬上床。她的皮肤在雪白的床单映照下呈现健康的小麦色，我注意到她在肚脐上戴着一个耳环一样的装饰，跟照片上一模一样。她招手示意我过去，跪在床上跟我差不多高，帮我脱衣服。很快我身上也只剩下内衣内裤。我们相互拥抱抚摸了一会儿，然后她开始亲我，是那种真正的热吻。

过去二十年里我一直在幻想跟女人接吻是什么感觉，但我除了亲别人脸之外从没有真正亲过任何女人，所以我也不知道这到底是什么样的感觉。她的行为很轻柔而流畅，身上的味道闻起来也很迷人，一举一动都很缓慢而谨慎。我能清晰地感知到她的舌头在我嘴里搅动的感觉，我站在她面前，两个人紧紧抱在一起，她柔软顺滑的皮肤不断摩擦着我。然后她将我拉到床上，我在跟一个女人接吻，这次是真的，而不是像以前一样是自己想象的。我真的是在亲女人，做自己一直渴望而不敢做的冒险，我的大脑被这种感觉刺激得有点眩晕，身体也开始发烫。

我变得亢奋而快乐，以前一直好奇跟女人这样会是什么感觉，现在我真的体验到这种不可思议的感觉了，而且是跟马克——我的丈夫一起体验的。他衣冠完整地坐在旁边看着我们，当珍珠脱下我的胸罩亲吻我的脖子时，他慢慢开始脱衣服，然后上床加入我们。马克想要这次经历成为我们尤其是我永生难忘的记忆，所以他表现得很卖力。这都是为了我。

我完全没想到自己会变得这么放松，好像自己在做最普通的事情一样。为什么我们不以后再尝试这种事情呢？为什么人们不都做这种事情呢？珍珠在床上表现得很开放，那时的她真的很美，我觉得自己跟她产生了一种隐秘的联系。与此同时我感觉自己和马克也联系得更紧密了。我觉得这是最完美的结婚纪念，感觉真好。

不知不觉一个小时过去，正好八点的时候，珍珠起床去洗澡，我可以听到淋浴的声音，还能感觉到热气从浴室飘出来。这种感觉真的很奇怪，困惑我十几年的事情珍珠只要短短一个小时就帮我解决了。我躺在床上，感觉整个人都飘起来了，被刚才的快乐还有从内心深处释放的情感和感觉所占据。

“马克，你得多给她点小费。”我悄悄对马克说。

他抬头看看我，因为我们已经支付给她一千美元。

“好的，”他说，“我会的。”

当珍珠从浴室出来时，她好像有点赶时间，但她的行为举止还是专业而有礼貌。

“你们夫妻人真好，”她说，“希望我们还能再见面。”

当然还会再见面，送她出去关上门后，我心里想。

确诊躁郁症非常困难，因为没有生物学或遗传学检测手段可以使用。据最近的研究报告显示，患者患上躁郁症与确诊之间大概间隔十二年，而且经常发生误诊。在我身上，跑步对我的病情也造成严重影响，那十多年的跑步生涯掩盖了我躁郁症的症状，退役产女后，产后抑郁与躁郁症一起，最终将我击垮。

但那时包括医生在内的所有人都对此一无所知。

因为一开始我以为服用百忧解已经治好躁郁症，所以后来当病情复发时，我就转而服用左洛复。那时没人知道给一个躁郁症患者服用左洛复比不治疗的危害还大。左洛复不仅使病情恶化，还让我和马克天真地以为病已经被治好，生活已经回归正轨。所以当我的行为越来越极端时，没人意识到这中间出现什么问题。在这个过程中，我不是感到绝望，相反我觉得自己非常亢奋。这种情况下你不会意识到自己出了问题而去看医生，直到今天我已经被明确诊断患有躁郁症并得到正确治疗，才明白给躁郁症患者服用左洛复是多么危险的事情。

现在回想往事，感觉躁郁症给我带来的最大痛苦是给我的婚姻、家庭和我自己带来的伤害。虽然马克一直让我不要对自己做过的事情有负担，但我仍无法原谅自己给别人带来的伤痛，给自己所爱的人带来如此多伤害。现在我心怀感恩地去面对生活，我感恩自己最终得到正确的诊断和治疗，感恩马克和父母一直以来对我的不离不弃，因为我知道很多次我差点就步上丹的后尘，这也是其他很多躁郁症患者的悲剧。

≈fast girl≈

我当时没有意识到自己是多么敏感易怒，也无法体会自己的情绪波动和喜怒无常对他来说是多大的折磨，只想让他离我远一点，让我可以自己待着。我们之间已经很久没有夫妻生活，关系又回到去拉斯维加斯之前的状态，但自从去了维加斯之后，我再也无法忍受这一潭死水的生活。在拉斯维加斯，我找到了新的激情，可以帮我摆脱焦虑和悲伤，我渴望更多新奇的性体验和刺激，即使这意味着我与马克的关系会更加疏远。

≈≈≈≈≈≈≈≈

9

探险

珍珠走后，我和马克孤独地躺在宾馆的床上，就像我们过去二十年里一直相处的那样，既熟悉又孤独。但今天我意识到一切都跟之前不同了，我们先是去跳伞，然后回来又玩了三人行，这些事大部分人一辈子只会想想而不会付诸实践。我希望以后每一天的生活都能像今天一样多姿多彩，我感到全身充满能量，希望今天永远都不会结束。突然间，我感觉自己非常饿。

“我饿了。”我对马克说。

“我也饿了，”马克说，“快到我们预订晚餐的时间了。”

我起来穿衣服，化妆的时候忍不住打量镜中的自己，表面上看起来，我跟原来没什么两样，但一切都跟以前不同了。我不只是原来那个苏茜·汉密尔顿，从威斯康星来的三届奥运会选手、房地产经纪人、妻子和母亲，我更是一个实现自己梦想的女人，即使所做的事情有悖于传统伦理道德。

走进电梯时，我心中的火焰还没有熄灭，感觉异常兴奋。

我抬头看着马克，迫切想要知道他是否跟我有一样的感觉。

“事后你觉得有什么不一样吗？”我问。

他困惑地看着我，不知道我指什么。

“你在说什么？”

“比如说变得更加自信，因为你干了大多数人没干过的事情。”

“这确实是一次很有意思的经历，但我没觉得有什么不同，”他说，“现在我只觉得自己快饿扁了。”

我被他的话语逗笑了，可心中却觉得有一丝失望。马克不理解我的感受，这件事对他不像对我一样产生这么大影响。这没什么的，我心里安慰自己。电梯下到第一层，我们走出电梯来到人流涌动的大堂，我忍不住观察自己面前的每个人，他们有没有玩过三人行或其他刺激的玩法呢？如果他们也有过类似经历，那他们有没有倾诉出来的渴望呢？我发现一种能使我整个人变好的新办法，现在我渴望更多这种体验。出租车到了，马克拉着我赶忙向出租车走去，终点站是威尼斯城的布香饭店。我穿着高跟鞋一边跑一边想向马克说出自己心里的想法。

“我说真的，马克，”我说，“这难道不神奇吗？”

“当然神奇，”他说，“这次体验非常棒，但我觉得没达到我的期望值。”

这太让人震撼了，我心里想，同时也很费解为什么马克心里不这么想。

即使等我坐在布香饭店里，端起装着黑比诺葡萄酒的大高脚杯喝酒时，我仍然无法让自己忘掉之前的事情去专心享受这顿晚餐。白天的种种经历像幻灯片一样在我脑海中飞速闪过，身旁的马克翻着菜单，对我的大惊小怪一笑了之。我心里想，如果马克对这种事情不以为意，那下次我只能自己一个人玩了，这样也挺好。我仍然深深爱着马克，那天晚上的烛光晚餐也吃得很尽兴，只是内心的某块地方已悄然发生变化。我不想被婚姻束缚，希望得到更多刺激的体验，我知道自己无法在麦迪逊获得这种体验，只有在拉斯维加斯才可以。

从拉斯维加斯回来后，我们的生活又陷入一潭死水，探险已经结束，生活中再也没有什么值得期待的冒险，我感觉自己无法再专心于眼前的生活。我们夫妻之间的关系在去维加斯之前已经变得很紧张，本来我们打算利用这次旅行的机会弥补一下，希望能在这几天里重新恢复之前的亲密关系，但旅行回来之后，一切仍然照旧。我们俩都尽量避免跟对方打照面，即使我们是生活在一个屋檐下的夫妻，但我们说话的时候极尽简短，即使这样，每次还是以争吵结束。最后发展到只要我看到电话是马克打过来的就不想接。

房地产经纪的事情把我们折磨得筋疲力尽，马克为了回避我们之间的问题把精力更多地放在加班和女儿身上。我当时没有意识到自己是多么敏感易怒，也无法体会自己的情绪波动和喜怒无常对他来说是多大的折磨，只想让他离我远一点，让我可以自己待着。我们之间已经很久没有夫妻生活，关系又回到去拉斯维加斯之前的状态，但自从去了维加斯之后，我再也无法忍受这一潭死水的生活。在拉斯维加斯，我找到了新的激情，可以帮我摆脱焦虑和悲伤，我渴望更多新奇的性体验和刺激，即使这意味着我与马克的关系会更加疏远。

现在，我甚至都无法再把全部身心都投入到凯莉身上，也无法体会到她以前带给我的快乐。我的大脑无时无刻不处于一种亢奋的状态，原来那种机械性照顾孩子的工作无法对我产生吸引力。我无数次回想起在拉斯维加斯时的情景，我们三个人一起缠绵的场景，再现当时的每一个细节。最后当这种想象都已经失去吸引力时，我不禁开始期待自己下次回到维加斯见到珍珠时会是怎样的情景，以及跟其他人一起玩乐会是怎样的体验。我整天脑子里都充满着性幻想，现实生活在我眼里已经失去价值。

结婚纪念日后大概一个星期的一天晚上，我等马克下班回家直到半夜。他下班回家看到我直挺挺地坐在那里，手里抱着一个枕头时，有点吃惊。

“马克，我一直在想，”我说，“什么时候再回一趟拉斯维加斯。”

“可我们不是才刚回来吗?”他说，“我现在手头工作太忙，估计抽不出时间。”

“那如果我自己过去呢?”我说。

“嗯，可以，”他说，“如果你真的想去，想一个人静一静的话。”

“你知道的，如果你也想一个人去维加斯，我是不会反对的。”我说。

他点头。我们两个都明白婚姻中各自都需要一些私密空间，即使是违背夫妻之间的基本伦理准则，只要这只是涉及性而不涉及感情。我们之前去维加斯本是为了恢复夫妻之间的感情，虽然在维加斯我们一起度过那些欢乐的时光，但每个人的快乐都是孤独的，而且有时候，这种体验还意味着我们要以一种其他人看来不道德或不舒服的方式，打破常规的夫妻关系。

“我同意你自己一个人去拉斯维加斯，”他说，“不过你要小心点，注意安全。”

“好的。”我说，并为自己即将获得的自由感到欢欣鼓舞。

马克的同意对我来说是莫大的鼓舞。我决定与之前做励志演讲时认识的一个漂亮女人见面，我们一直保持联系，打算在拉斯维加斯见面。这次我跟马克共同决定尝试开放婚姻，双方都可以自由与他人发生性关系而不受婚姻形式的束缚，但不能发生感情，因为我们俩都忠于我们的婚姻。我不怕马克会因为与其他女人发生关系而变心，因为我们之间的婚姻非常独特而珍贵，虽然现在遇到困难。我知道马克心底对此也持同样态度。我们俩对此非常坦诚，就像讨论家庭琐事一样公开讨论自己的感觉，还有对婚姻的影响。我完全支持马克有婚外性行为，因为这样我也就可以没有负罪感地追寻自己的欲望，我甚至希望他能马上与其他女人约会。如果他这样做，对我来说会好受很多。我向他表明自己想要追寻无法从婚姻中得到的刺激和快乐，他也可以自己去追寻这样的快乐。我们对开放婚姻都没感到有什么不妥，也不打算离婚。我们的婚姻确实遇到一些问题，但我们会尽全力维护这段婚姻，即使这意味着要做些非常行为。

下一次维加斯之行的时间到来时，我已经准备好一切东西，同时也非常期待，我要见的那个朋友恰好是蕾丝，我希望我们的维加斯之行能玩得尽兴。虽然我们之前通过短信调过情，但等真见面时，我还是失望了。我渴望的是无拘束的性爱体验，而我的朋友却更渴望柏拉图式精神恋爱。我们对此行的动机完全不同，最后我们俩在维加斯痛快地玩了几天，但我没有得到此前渴望已久的快乐和刺激。很明显我跟她还是保持好朋友的关系比较好，直到今天我们还是很好的朋友。上次我跟马克来维加斯玩三人行时，我的感觉是自己属于那一小部分实现自己幻想的人，这种感觉才是我想要重新体验的。但这次却没有这种感觉，回到麦迪逊后我开始计划再次回到这里。

“我知道自己才从维加斯回来，可我还想回去。”我说。

“又回去?”马克说，“为什么?”

“我想回去再约一次珍珠，”我说，“你知道我以前只有你一个人，而且我一直对自己性取向中的另一面很好奇，上一次的经历真的很棒，可以让我开心点。”

“好的，”他笑着说，“我知道你对她很迷恋。”

“还有，”我不知道自己要求的是否有点多，说实话我已经不太在乎，“我想这次找一个男应召，可以吗？”

马克看起来不大能接受。我们确实已经讨论过开放婚姻的问题，但说说归说说，事到临头又是另一种感受。马克觉得我如果真去找一个男应召的话，我会越走越远，最终危及到我们的婚姻。

“为什么？”他问。

“这也没什么危害，”我说，“他只是一个应召，我不会跟他产生感情，只是为了乐子。”

我们俩对性的观念都比较开放，认为忠于婚姻和性关系有本质区别，所以最终马克点头同意。

“谢谢你，马克。”我说，心中对他爱意满满，十分感激。是的，我还是很爱我的丈夫，也忠于我们的婚姻，但这不能让我感到快乐。也许，只是也许，我可以通过新的冒险得到想要的一切。

那几天我脑子里一直充斥着关于性和快乐的遐想，特别是即将到来的下一次新奇性体验。不管是在刷碗、去超市还是跑步的时候，我心中不断想象马上要进行的下一次性冒险，因为独处可以让我更自由地幻想这些东西。我十分感激我的丈夫马克，他深深地爱着我，愿意为我们的婚姻做出牺牲，世界上其他丈夫可能都不会如此开明。

我想要与别的男人发生关系，为此还征求马克的同意，但他看起来不太恼火，只是很疲惫，这一段时间以来，他都感到深深的疲惫。但我没有停下自己的脚步来关心他的内心感受，那时的我只关注自己的感受，想要体验快乐和激情，我不想为其他任何事情停下自己的脚步。想起下次的维加斯之行我就激动得夜不能寐。

两周后，我再次回到拉斯维加斯，马克已经同意给我找一名男应召塞巴斯蒂安，再加上珍珠一起为我服务。他给我订了酒店，又安排好行程，这样他心里会放心点。飞机一在维加斯落地，我就将马克抛诸脑后。我很高兴自己可以离房地产经纪那堆破事远远的，觉得现在生活中的一切问题和争吵都是由于它引起的。最近我被一个客户狠狠地羞辱了，他觉得自己卖房子损失了不少钱，所以把气撒在我身上。我事后很恨自己为什么当时那么卑微、愚蠢，只是站在那里被那个人骂而不知道还嘴。我很痛恨那样软弱的自己，在拉斯维加斯我不再是以前的自己，而是全新的自我。我要在接下来的一天中把以前所有的事情都忘掉。

从到了这里的那一刻，我就情欲高涨，这是我的游乐场，在这里我可以摆脱一切束缚纵情享乐，干自己想干的任何事情而无所顾忌。我要弥补自己之前做乖乖女错过的所有人生乐子。即使我今年都四十了，那又怎么样呢，我就是要弥补回来。

来之前我本来打算先见珍珠，但等到了之后我又决定先见塞巴斯蒂安。我打电话给对方公司改变日程，对见到男应召感到很亢奋。我在浴室的大镜子前梳妆打扮很久，想到塞巴斯蒂安几个小时后就要来了就兴奋不已。我穿上套裙小心地弄直自己的长发，然后点出三百美元现金。男应召一般比女应召要价低，因为对他们的要求没有那么高。我把钱装进信封放在柜台上，这些都是对方事前说好的。约好的时间一到，门口就响起敲门声，听到敲门声，我心里既亢奋又有点紧张。当时之所以选择塞巴斯蒂安是因为他看起来就像小白脸，我就喜欢这种纯粹幻想的感觉。我打开门看到他——六英尺两英寸的身高，体形健硕，皮肤黝黑，衣服撑在身上，看起来随意而性感，就像杂志里的男模特一样。

“嗨，苏茜，”他说，“你好。”

“你好，”我说，“赶快进来吧。”

他就像珍珠一样，看起来很随意、轻松地走进来，就好像我们是亲密的恋人，他已经等了我一天。我变得十分兴奋，开始滔滔不绝地跟他聊天。

“想喝一杯吗？”我问，“我要来杯伏特加，平常我一般喝葡萄酒，黑比诺是我的最爱，但特殊场合我一般来杯伏特加。今晚就很特殊，你觉得呢？”

“是的，”他说，他的声音跟我一样轻佻而诱惑，“你喝什么就给我来杯一样的。”

此时此刻，我身处拉斯维加斯一间豪华套间的吧台前，给小白脸倒酒，我感觉这一切非常不真实。

“你住在拉斯维加斯吗？”我问。

“是的，我以前在这里的大学校队打篮球。”他说。

“真的？”我说，“我以前也是大学生运动员。”

“好巧啊，”他说，“你的身材很好，一看就是当运动员练出来的，你是练什么的？”

好在我的意识还清醒，马克对我来拉斯维加斯找一夜情的最大忧虑就是关于我的知名度的问题，现在还是有很多公众认识我，特别是在麦迪逊，关于我的流言会传得更快。所以虽然我对眼前这个男人感觉很好，也没有什么怀疑他的理由，但我的理性还是告诉我小心无大错。

“我是一名体操运动员。”我说。

“怪不得你的身材这么好。”他给我一个暧昧的眼神。

“你学什么的?”我问。

“我不念了，现在我在洛杉矶当一名模特，要经常来回跑。”

我感觉这一切都十分有趣，比麦迪逊枯燥无味的生活好多了。

我把手中的酒递给他，他抿了一口就随手放在桌子上，然后低头开始亲我。这种感觉跟珍珠亲我时不一样，但还是十分刺激。与除我丈夫之外的男人亲吻，对我来说是一种十分新奇的体验，这种新奇让我感觉更加亢奋。或许更加奇怪的是，我对拉斯维加斯新生活的一切都安之若素，包括他三下五除二地扒光我上床这件事。我们肆声调笑，就像老朋友一样，这次性体验十分好。不仅因为我本身就十分性感，而且因为我在做的事情是禁忌，大部分人都没有做过，特别对一个威斯康星来的好女孩来说，更是绝对的禁区。

时间过得比跟珍珠在一起时更快，到点时，他起床去洗澡，我知道他马上就要走了，还知道自己还会再见到他，而且时间会很快。我喜欢他，不仅因为他长得像小白脸，他很聪明，肌肉健美，线条分明，看起来十分性感。而且他对我很好，非常温柔，我们在一起玩得十分开心。突然之间，我决定自己不想再见珍珠了，虽然我还很怀念她亲我的感觉，但现在我有了塞巴斯蒂安，所以至少眼前我不想再见珍珠。以后再来拉斯维加斯时我都会找他，只要他能让我感到快乐。

“明晚你有时间过来吗?”我问，心里已经有了计划。

“当然，我有空。”他说，邪恶地对我笑了笑。

“你知道吗？”我说，“你是我除了丈夫外的第一个男人。”

“是吗，那你前几十年过得太可惜了，”他说，“我很高兴你能勇敢尝试新东西。”

我们俩都哈哈大笑。我送他出门时，他在门口给了我一个火热的长吻。他走后，我给马克发短信告知他一切都安好，我走之前向他承诺过自己会每晚给他报平安消息。但现在我身处维加斯，不想跟他通话，或离开自己所营造的新生活。

我将第二天跟珍珠的约会换成跟塞巴斯蒂安的约会，第二天晚上我们见面时，气氛更加热烈，因为我们已经认识，特别是当时间过去五十分钟时他并没有跳起来去洗澡，这让我心花怒放。我们俩在一起缠绵了三个小时，他只收了我一个小时的钱。我们之间的性关系越来越紧密，在这个过程中我处于主导地位，不断探索性的尺度，进而让我的内心更加激昂、充满能量。等他开始起床洗澡，穿衣服准备离开时，我心中又有了一个新奇的想法。像上次一样，他离开时在门口跟我吻别，我当时还全身赤裸。

“我在想……”我说，声音充满诱惑。

“你在想什么？”他问，顺着我的话题。

“明天你来的时候，能不能再带个人来？”

“你想我带谁来？”

“另一个男人。”我说。

“你真淘气，”他哈哈大笑，“我会安排的，不要打电话给公司，把事情交给我，明天就会有惊喜。”

第二天晚上塞巴斯蒂安敲门时，我已经激动得不能自已，我心中的欲望如火一般燃烧，驱使我渴望更多刺激，就像无止境的循环。我打开门时，塞巴斯蒂安就站在门口，看起来健美而性感，旁边站着他的表兄，跟他一样帅气健美。

“美女好。”塞巴斯蒂安打招呼，然后低下头跟我热吻。

“请进吧。”我说。

他表哥跟塞巴斯蒂安一起走进来，我们互相看着对方，我向他笑了笑，但他却很快转头看其他东西，看起来有点紧张。我一点也不紧张，走到吧台前为他们倒酒。我可以感到他们火辣的眼神在我身上来回游荡，眼中充满钦慕，我心情愉悦地跟他们聊天调情。接下来的事情就如之前一样，然后他的表兄也加入我们，但他不像塞巴斯蒂安一样温柔，他向前推我的腿部，强力地按照自己的喜好摆弄我，对我十分粗鲁。我一点也不习惯被这样，也不喜欢这种感觉，但他却乐在其中，一直没有停下。

我努力从他表兄身下挣脱出来。

“够了，”我大声说，“走开。”

“什么？你在开玩笑吧？”他说。

我全身赤裸地站在床前。

“滚出去。”我说。

他看着我，知道我没在开玩笑，然后抓起地板上的衣服，恼火地冲了出去。我看着塞巴斯蒂安，他当时正在略带紧张地笑着，好像拿不准接下来我会怎么对他。看了我一会儿，他也自觉地穿上衣服走出去。屋子里只剩我一个人，可我心中却没有平静下来，我赤裸着身体走到门前打开门，看着塞巴斯蒂安哥俩向电梯走过去，一点也不在意是否走光。

≈fast girl≈

他离去之后，我感觉更加空虚，渴望得到更多。大脑中充满关于性的各种念头，我躺在床上，屋子里弥漫着异样的味道，开始想象三人行的情景。我想象具体的情景，所有人触摸我的肌肤会是什么感受。原来我是一个乖乖女，而现在我却肆意放纵自己，这两者之间的反差才是让我兴奋的原因，我感到自己精力充沛，掌控一切。原来陌生的那种感觉现在却变成我的第二天性。

≈≈≈≈≈≈≈≈

10

解放“天性”

虽然我跟塞巴斯蒂安两兄弟的三人行没有达到期望值，但我一点反思或失望的情绪都没有。我没觉得自己已经成为欲望的奴隶，也没想过回到自己原来的生活，从来没这么想过。我只是渴望下一次冒险、下一次的刺激。那些曾经让我产生羞耻感、恐惧或自我保护的旧观念对我已经完全不起作用。

常年的训练让我一直保持完美身材，但我从来没想过在生活中展示它。跑步时，如果人们的目光聚焦到我的身材上，我会感到很不舒服。作为专业的跑步运动员，我一直渴望成为人们心目中完美的运动员，完美的身材也是其中之一。我一直很喜欢裸露，感觉赤裸的时候无拘无束，十分舒服。但作为一个来自威斯康星的好女孩，这是不被允许的，所以我只在允许的情况下才释放自己这种天性，比如跟朋友一起裸泳，在欧洲可以裸露上身的海滩或做泳装日历模特和给耐克拍广告时。其他时候我穿衣打扮跟我母亲和姐姐一样朴素。马克就经常取笑我，说我的穿着太保守，他会给我买一些潮流一点的衣服，比如大学时会给我买件格列斯的牛仔裤，结婚时则是皮裤。但我一直觉得难为情就没穿，即使到了现在我肆意放纵自己，穿得过于暴露也还是让我感觉不舒服。跟塞巴斯蒂安哥俩闹翻后，我像在家里一样随意穿了一件牛仔裤和松垮的上衣，将头发系在脑后，准备去赌场玩。我从来没穿过高跟鞋，因为我不想脚受伤，所以我穿了一双系带的凉鞋。然后我打开门走向电梯，我很喜欢这家酒店还有维加斯为顾客做的保密工作，而且这里的一切都很奢华，让人回味无穷。在这里没人知道我是谁，也没人知道我是干什么的。

走进曼德勒海湾度假村娱乐场，我径直走向吧台，觉得一个人无拘无束的感觉真好。自己一个人出来可以随心所欲做自己想做的事而不必顾虑别人。我跟身边遇到的每个人微笑并交谈，然后坐在吧台前，我旁边坐了两位年轻的姑娘，她们俩看起来玩得很尽兴，喝鸡尾酒就像喝水一样。旁边有一个乐队在现场演奏，我们三个趁着酒劲挤进舞台，我此时此刻只想在人海和闪光灯的变幻中尽情释放自己的能量。

突然其中一个女孩爬到乐队演奏的舞台上去，然后另一个也爬上去，跟乐队成员一起狂欢，旁边的男人们都羡慕地看着男乐手们。乐队成员还招手让我加入他们，我很自然地就爬上去，感到现场的目光都聚焦在我身上。我喜欢这种感觉，喜欢看着人群为我疯狂以及他们看我时的那种眼神。特别是鼓手看我的目光挑逗而火辣，我在刺激下脱了上衣朝他挥舞，他看起来非常兴奋而受用。我并不是想故意挑逗他，只是兴之所至罢了。我开心地跳着舞，感觉这是自己有史以来最开心的一个晚上。我爱维加斯。

歌曲演奏完后，我跳下舞台，准备寻找下一场冒险。但鼓手在我走之前拦住我。

“哈喽，以后有空常来玩，找我就行。”他说。

我停下来上下打量他。

“不用了，谢谢。”我说。

我是来找乐子和艳遇的，想通过这种方式探寻自己灵魂深处的另一面。如果我愿意的话，当然可以跟他一起睡觉，但那个鼓手不是我的菜。我虽然放纵自己，但还是很看重婚姻，我只是渴望婚姻所缺少的那些东西：激情、亲密和性。所以迫不得已的情况下，我只能通过其他方式来弥补婚姻的这种缺陷。

跳完舞后我满脸通红，汗流浃背，站在一边喝自己的葡萄酒，同时心情舒畅地打量着酒吧内的场景，也享受别人看我时那种火辣辣的目光。当我找到一个座位坐下时，注意到旁边一位英俊的中年黑人正在隔壁桌上朝我微笑，他与一位衣着华贵的白人老妇坐在一起。他笑起来非常迷人，我立马就被他迷得神魂颠倒。

“你刚才跳得真好，”他说，“今晚玩得开心吗？”

“非常开心。”我说，笑的同时想起早前发生在酒店房间的事情。

他跟我搭话的时候，旁边的老妇好像不太开心，但她看向我的时候还是努力挤出一丝笑容。

“你自己来的吗？”男人问。

“是的，”我说，“自己一个人也能玩得很开心。”

“那跟我们一起玩吧。”他说。

“你好。”老妇人朝我打招呼。

“很高兴认识你。”我身体略微前倾，伸出自己的手。

“很高兴认识你。”他握住我的手说。但之后他并没有松开手，而是将我的手拽到桌子下边，放到他裤裆处一直不松手。

天哪，我心里想。

“你可以来我们屋一起玩。”他说。

“山姆!”老妇人靠近他，以不引起我注意的语调说了一声，“不行。”

他长得很帅，能得到他的爱慕让我虚荣心大涨，但我能看出来那个老妇人不愿意。

“我得走了。”我说，喝完自己酒杯里最后一点酒。

“请，我送你出去吧。”他向我做出恭送的姿势。

老妇人脸上挤出一丝微笑，但眼神锐利，满是怒火。

当我们走出老妇人视线范围后，他向我伸出手：“今晚真的很高兴能跟你相识。”

我握住他的手，感到他手掌里有一张小纸条，低头看是一个电话号码。

“也很高兴认识你。”我特别强调了“你”这个字。

“其实我跟那个女的之间有协议，”他语速很快地说，“我是一名军官，那个女的付钱给我，我们一年在拉斯维加斯见几次面。下次我来这儿时，你可以找我，但不要告诉别人。”

“听起来很有意思。”我说。

山姆很迷人，我能看出来他是那种能力很强的人，只要他想做的都能做到，而不仅是专注于本职工作。

“给我打电话。”他说。

“我会考虑的。”我说。

马克曾跟我约定，我在拉斯维加斯时每晚打电话给他报平安。虽然直到我要回去时也没有打电话给他，但我知道自己必须打给他。经过二十年的相濡以沫，我已经养成告诉他所有事情的习惯，而没有考虑到这样是否会伤害到他的感情。

“你还好吗？”马克问，“你都没有打电话给我报平安。”

“我给你发短信了。”我说。

“是发短信了，但短信不能确保你是安全的。”

“好了，马克，我没事，”我说，“我见塞巴斯蒂安了，他挺帅的。”

“是吗，挺好的，你高兴就好。”他说。

“是的，我在这里玩得很开心，我还想再来一次。”

“跟珍珠玩得开心吗？”

“我把跟珍珠的约会换成塞巴斯蒂安了。”我说，声音里有洋溢的快乐和喜悦。

“哦。”马克的声音听起来很平淡。

“他长得很帅，”我接着说，他是我这辈子第二个发生关系的男人，我甚至对他有点小迷恋，“我们相处得很好，他以前在大学是打篮球的，我们俩都是大学生运动员。”

“你没告诉他你是跑步运动员吧？”马克问道，听起来声音里有些关切。

“我跟他说自己是练体操的，放心吧，一切都没问题。”

“你必须小心点，苏茜。”他说。

“嗯，没事的，我马上要登机了，回去再说。”

“苏茜，我很不喜欢你这个样子，”马克的声音听起来有些生气，“你有些失控了。”

“你担心过头了。”我也提高自己的声音。

“你根本没有意识到这样做会有什么风险，”他说，“而且你也没有按照我们之前说好的去做。”

“好了，好了，我要登机了，就这样吧。”我说。

我能感觉出来马克对我两次见男应召有点嫉妒之情，但我还是打算有机会再回去找他。我不想伤害马克，只是觉得自己突然之间好像重新变成少女，渴望快乐和新鲜事物。

一回到威斯康星我就想立马回去，但我不想再花钱找男应召，山姆上次给我留了联系方式，我可以联系他。当然这首先得得到马克的同意，我要向他解释自己的新计划没有任何危险，自己也不会牵扯到任何情感纠纷。我要拿出证据来才能说服马克同意我回到拉斯维加斯去跟山姆厮混几天。山姆给过我全名，所以我谷歌他的名字来确认消息是否真实，然后打算等马克忙完给他看看，他当时正在用手机查看邮件，我手里拿着 iPad 坐在他旁边。

“我想再回拉斯维加斯一趟。”我说。

“再一次?”他说。

“你还记得我碰到的那个叫山姆的人吗?”我说，“我告诉过你的。”

“是的。”马克冷冷地说。

“看，”我说，指着自己搜索出来的资料，“网站上说他是个高级军官，跟他对我说的一样，所以他也需要非常谨慎。我不想再花钱找男应召，所以我可以去找他，也不用担心他会泄露什么消息，你说呢?”

马克拿起 iPad 浏览网站上的信息，然后查看搜索出来的其他网页信息。

“你要注意安全，”他说，“而且一定要小心。”

“他值得相信。”我说。

“希望你是对的吧，”马克不喜不怒地说，“到上班的时间了，我要马上去上班了。”

他站起来继续查看邮件，看起来一副风轻云淡的样子。虽然我内心渴望得到自由，但看到他这副样子还是让我有些受伤。我曾经在心里想，如果告诉马克有别的男人对我感兴趣，会不会让他对我重新产生激情，那时的我一点没有意识到这样只会让我们之间的裂缝更加深而已。马克现在将所有精力都投入到工作当中。

马克的态度没有阻止我回到维加斯的冲动，兴奋已经主宰我的意志。

一个月后，我孤身一人再次回到维加斯，打算跟山姆约会。这次我打算住在维达拉，这是维加斯最好的酒店，拥有便利的服务设施、豪华套间、房间服务和温泉浴。这些都是我梦幻生活的一部分，最让我满意的是，这次的套房拥有独立的厨房和客厅，卧室装修得豪华而时髦，站在房间的任何角落都可以俯瞰维加斯，尤其是在床上时视角特别好。

我开始梳妆打扮，想到晚上马上就要与一位也喜欢我的迷人帅哥共度良宵，我亢奋不已。每次回到维加斯，我都渴望获得比以前更多的刺激，所以我必须做些更加刺激的事情。这将是我在维加斯最美妙的一晚。

还有一小时才到我跟山姆约好在楼下酒吧见面的时间，我走进卧室，看着楼底下喷泉喷出来的水高高地喷洒在天空上，却一点也无法让自己静下来，我在卧室里来回走着，然后打开电视，眼睛虽然看着电视，但一点也看不进去。

我打量整间卧室，开始陶醉于其奢华时髦的风格，直到最后厌倦了，我就提早下楼。

山姆在酒吧看见我时，直接朝我走过来，然后就像老情人一样搂住我，亲吻我的脸颊。他比我记忆中要高，军人特有的那种气质让他看起来既威严又强势，此外他长得很帅，非常帅。

“美人，”他说，“很高兴认识你，让我请你喝一杯吧。”

他示意酒保给我倒酒。在家里，我已经厌倦马克凡事都为我做好准备的处理方式，我渴望能按照自己的意愿自主决定想干什么。但在拉斯维加斯，我感觉自己能掌控自己的生活和欲望时，却被山姆那股自信和强势所折服，他的强势就像他的相貌一样催情，我已经忍不住开始想象上楼之后会发生的事情。

“这个位子有人坐吗?”他开玩笑道，拉开我旁边的凳子。

我哈哈大笑，很享受这种傻乎乎的感觉，在家里是永远体会不到的。

“现在有人了。”我说。

“坐飞机来时累不累?”他问。

“挺好，我恨不得立即飞过来。”我说。

“我也等不及想见你。”他说，给我一个意味深长的眼神。

我又一次感觉自己好像跟他相交已久，像老朋友一样，等不及要扒掉对方衣服的老朋友。

“去我的房间坐一坐吧，这样你可以好好欣赏一下我。”我说。

一进房间他就开始亲我，我们互相脱对方的衣服。他是一个幽默、和蔼且尊敬女人的男人，跟他的这次性邂逅让我激情澎湃，不能自拔。我们在床上相处得非常融洽愉快。几个小时过后，我们疲惫而舒服地赤身躺在床上喝着红酒。

“你刚才表现得真棒。”我说。

“我以前做过小白脸。”他说。

“以前？”我问，“那上次我碰到你时遇见的那个女人呢？”

“我们只是朋友，”他说，“她喜欢跟我待在一起，所以付钱给我，我们俩一年在维加斯聚几次。”

“你喜欢当小白脸吗？”我对这个奇异的领域充满兴趣。

“付钱做爱？”他说，“很糟糕。”

他离去之后，我感觉更加空虚，渴望得到更多。大脑中充满关于性的各种念头，我躺在床上，屋子里弥漫着异样的味道，开始想象三人行的情景。我想象具体的情景，所有人触摸我的肌肤会是什么感受。原来我是一个乖乖女，而现在我却肆意放纵自己，这两者之间的反差才是让我兴奋的原因，我感到自己精力充沛，掌控一切。原来陌生的那种感觉现在却变成我的第二天性。

第二天我打开手机给山姆发信息说晚餐的事时，才想起来要给马克打电话，马克给我留了很多留言，听起来他很生气。打电话回家总让我想起自己是一个妻子和母亲，还有丈夫和孩子要照料，而这是我极力想抛诸脑后的事情。

我决定自己做完指甲后再给马克打电话。指甲做完只剩五分钟就到跟山姆吃饭的时间，我站在卧室的玻璃窗前给马克打电话。

“苏茜，我不想说别的，每天打一个电话好吗？”他说得很直接。

“我很好，”我说，“我玩得很高兴。”

“你承诺过自己会每天打电话的。”他说。

“我知道，我忘记时间了，”我说，“凯莉还好吗？”

“她很好，”他说，“你想找乐子，这没问题。我只是想知道你是安全的，可以吗？”

谈起女儿让我们的对话稍微缓和了一些，但当我说自己没时间了要马上挂电话时，马克好像跟我一样巴不得马上挂掉。

那晚我跟山姆一起吃饭，然后回到他的房间厮混了几个小时。这次在拉斯维加斯，我还跟饭馆一个大厨幽会过一次，当时我坐在他饭馆的吧台前，他跟我搭讪。这次拉斯维加斯之行满足了我所有的幻想：令人激动的地点、奢华的住所、完美的性爱和完全自由。过去的生活已经离我而去。

≈fast girl≈

我越来越想逃离自己现在的生活，所以我在内心中想象逃离之后的情景，回味自己之前性冒险的场景，幻想下一次的约会，并计划返回拉斯维加斯之后自己的活动。我不觉得自己这样做有什么自私，我无法控制自己，也不担心这样做会产生的后果，没有顾忌，也不后悔。我不觉得这样做对马克和凯莉会有什么伤害，因为这是我自己的新生活，与他们没有任何关系。

≈≈≈≈≈≈≈≈≈

11

双面生活

现实一点也提不起我的兴趣，我已经沉迷于幻想之中，感觉自己在麦迪逊一分钟也不想待。家庭生活里，只有女儿凯莉还让我放心不下，我尽量弥补对女儿的亏欠，有空的时候会给她读童话书，陪她去博物馆，放假时会带她去迪士尼乐园。我对自己的欲望导致的后果心怀愧疚，所以在家里对凯莉百依百顺。马克对此很不满，认为我这样教育孩子不对，但我就是控制不住自己。

逃离家庭束缚的念头在我心中越演越烈，眼下我跟我的姐妹基本已经断了联系，跟母亲也是尽量不见面，因为她总是逼我，不准我在公开场合谈论丹还有他的病。所以我尽量不见她们，甚至避免跟她们说话。我越来越想逃离自己现在的生活，所以我在内心中想象逃离之后的情景，回味自己之前性冒险的场景，幻想下一次的约会，并计划返回拉斯维加斯之后自己的活动。我不觉得自己这样做有什么自私，我无法控制自己，也不担心这样做会产生的后果，没有顾忌，也不后悔。我不觉得这样做对马克和凯莉会有什么伤害，因为这是我自己的新生活，与他们没有任何关系。维加斯的生活对我来说就像一个美丽的七彩泡沫，包含了我想要的一切美好生活元素，在这里我是自由的。我在万丈深渊的边缘而不自知，对一切堕落轻率地接受，而不顾忌别人的想法。

我不想再在拉斯维加斯和麦迪逊之间来回折腾，而想专心于幻想的生活，远离责任，不顾后果。因为我表现得越来越出格，马克不想让我再回维加斯去，但我还是很快就回去了。我把自己和山姆还有厨师的艳遇都告诉了马克，不过马克明显不太想听。我感觉自己的生活已经完全失控，回到麦迪逊也无法让我有所克制。一个月后我再次回到维加斯，跟厨师约会，他给我买了价值五百美金的衣服和首饰以作为我陪他过夜的报酬。我给他带来乐趣，而这就是我应得的回报，我离原来的好姑娘形象越来越远。

马克看起来已经接受我们生活的新常态，据我所知，他最终跟我们都认识的一个女人上床了，对此，我不仅没有产生嫉妒之情，反而感觉很高兴。他的出轨减轻了我的道德负罪感，我可以更理直气壮地去做自己想做的事情，我要尽快回到拉斯维加斯去。最终我和马克都走上了各自的新生活，我们还是把女儿放在第一位，但除此之外，我们更关心各自的事情而不是想着如何经营好婚姻。

我想象自己如何才能既维持双面生活，又把重心放在维加斯。那年夏天，我得到一个绝好的机会，摇滚马拉松活动主办方邀请我参加他们的马拉松活动，时间是2011 年 12 月 3 号和 4 号。因为我是第一次参加这个活动，所以可以带家属，马克也可以跟我一起来。

这一次我感觉自己精力充沛。平常我不沉迷于性幻想时会锻炼身体，锻炼的时候我偶尔会有生活永远这样下去也很好的念头。退役后我经常跑半程马拉松，所以摇滚马拉松邀请我参加这个活动让我很开心。能够在纸醉金迷、灯红酒绿的拉斯维加斯进行马拉松首秀让我激动不已，尤其是这个星期还要跟布里奇特见面，她是我跟马克预订过的那家高级应召女郎公司的经理。在拉斯维加斯这些日子，我逐渐开窍，想要让自己的生活变得更加多姿多彩，唯一的办法就是尝试一开始就让自己心潮澎湃的东西。我通过珍珠进入这个行业，她打开我体内的一个隐秘开关，让我相信自己可以更加讨得顾客欢心。厨师给我买礼物让我感受到用性换取金钱的快感，所以我想成为一名应召女郎。但马克的感受跟我大相径庭，他不赞同这个主意，但我最后还是说服了他，告诉他公司事前会严格审查顾客身份，成为一名高级应召女郎其实更加安全，这样我就不会再在吧台前游荡，而且那些有身份的顾客比我更加承受不起身份泄露的后果。像以前一样，我告诉他只有这样才能让我觉得快乐。马克不知怎么就同意了我的要求，不知道什么时候，这种对话竟已经成为我们生活的常态。

我兴致勃勃地跟布里奇特联系，告诉她自己有意成为一名应召女郎，我想跟她谈谈，自己只想与那些高端而且行事谨慎的客户幽会。见面的时间快到了，我感觉非常紧张，不知道自己该说些什么、做些什么，穿什么衣服去见她。我想给布里奇特留个好印象，让她相信我会成为一名优秀的应召女郎，所以我精心挑选会面要穿的衣服。随后我挑了一套性感一些的衣服，但我又想给她一种自己很专业的印象，所以又穿了一件带领的衬衫，所以最后我下半身的衣服看起来像是要去应聘应召女郎的穿着，而上半身看起来像是银行白领。打扮好后已经没时间再计划言谈举止，我冲出房间去见她。我到达会面的地点，在威尼斯广场美食街的一家咖啡馆，弯曲的穹顶和棕色、褐色的地砖给人一种异域风情。我坐在咖啡馆里静静品茶，脑子里计划着怎样以性换钱，旁边游客如织，这真是一种让人兴奋的对比。

当看到布里奇特的形象时，我大吃一惊，她很年轻，穿着宽松的运动裤，没穿套装，一头金发胡乱编成一个辫子就走过来了。“你是苏茜吗？”她问。

“是的，你是布里奇特吗？”我伸出自己的手，不确定地看着她。

“我刚锻炼完身体。”她指着自己的衣服说，然后随意地坐下给自己倒一杯咖啡，看起来好像老友重逢一样自然。

我立马就喜欢上她和她的可爱还有从容自信，我能感到她在打量我，虽然她对我笑得很亲切，但我能感觉到她甜美表情下的世故圆滑。

“我很想试试这个，”我说，“但一定要保密。”

“为什么呢？”

“我以前是个职业运动员，”我说，“如果别人发现我跟其他男人睡觉，会破坏我的形象，你们这个好像做得非常隐秘，所以我想试试这个。”

布里奇特耸耸肩，好像在说我有点大惊小怪。很明显她没听说过我，她不清楚我做出此决定的动机，所以难免会做出这种反应。她还在热切地打量着我，对我做出评估。

“你今年四十多，我接到很多客户的要求，他们想找年纪大一点的女人，你一定会很抢手。”

我喜欢她说的话。

“我住在威斯康星，所以只有我来维加斯的时候才能安排约会，”我说，“而且我只想与那些高端、谨慎的客户约会，这样可以确保没人会泄露消息。”

“没问题，”她说，“一切都会严格保密，我们有许多名人和运动员客户，对他们的身份，我们都做过严格审核。这周正好有一名顶级的高端客户在维加斯，他很有钱，长得也很帅，是个牛仔。”

“哇。”我说，心里开始期待这个未曾见面的人。

“他一定会喜欢你的，”她说，“你长得真美，身材也非常棒，而且你不像那些年轻的女人不知道怎么聊天。你在这一行会干得很好的。”

从小我就习惯了别人的训练，也喜欢别人激励的语言和鼓励的话语。每回一趟维加斯，我的自信就多一点。现在我对自己信心十足。“谢谢你，我已经等不及开始了。”我说。

“我很快就会帮你开始安排，尽量在你离开前安排一次，或者你把你的大致时间安排告诉我，这样客户打电话时我会优先给你安排。单独准备一个电话号码方便我们联系。”

跟布里奇特见完面后，我回到酒店，在外面的游泳池看见马克。我走到他旁边坐下，他两眼望着天空没说话。我不知道自己是不是该把一切都告诉他，但我太兴奋了，忍不住就一股脑都倾诉出来。

“今晚见面说得挺好的，”我说，“布里奇特很喜欢我，她觉得我会大受欢迎。”

马克脸上的表情看起来不像我一样高兴。

“你高兴就好。”他不咸不淡地说着。

第二天，就在我参加摇滚马拉松高跟鞋冲刺活动数小时前，我专门准备的电话响了，我知道是布里奇特打过来的。

“一小时后有一个活，你有时间吗？”

高跟鞋冲刺是三小时后，所以时间上我应该是来得及的。

“当然，你能告诉我关于客户的基本信息吗?”我说，感到十分亢奋，心跳得越来越快。

“他是我们最优质的客户，”她说，“我跟你提过的那个牛仔，你会喜欢他的。”

天哪，最优质的客户，第一次她就把最顶级的客户介绍给我。

“棒极了。”我说。

然后她给我具体的时间和地点信息，告诉我应该如何穿衣打扮等等。就这样，我要真的开始成为一名应召女郎。

我回到威尼斯人酒店换衣服，马克当时躺在床上检查邮箱，我看着自己的手机意识到自己要迟到了，我要在十几分钟内赶到凯撒宫酒店，而且我还不知道在哪里。

“马克，你得把我送到凯撒宫，我不知道在哪里。”我说。

他盯着我看了很长时间，然后叹口气坐起来，给我指点方位，我亲了他一口就匆匆出门。我将与自己相伴二十年的丈夫丢在酒店房间里，自己却要去为了钱跟陌生人上床。我匆忙坐电梯走到大厅，发现出租车道前排起很长的队伍。别无他法，我只能跑过去，一路上我小心闪避婴儿车、穿超短裤的女孩们还有背着相机的游客们，最后终于赶到凯撒宫。凯撒宫门前有一个奢华的大水池，里面竖立着古希腊风格的雕塑还有喷泉。我松了一口气，转身走进赌场大门。

布里奇特告诉我，顾客叫保罗，今年四十七岁，是来维加斯参加活动的。这个顾客十分有钱，是公司顶级的客户之一。这就是我即将要与之发生性关系的男人的所有信息。等我站在安静庄严的酒店走廊中时，心中只剩下舒适和兴奋的感觉。我穿的是厨师之前给我买的黑色紧身裙，脚上穿着自己唯一一双高跟鞋，这还是我在做励志演讲时买的。我还没有完全进入这个行业，也不懂这个行业的规矩，作为一个应召女郎，我应该穿得奢华性感，只有这样才能引起客户的欲望和遐想。

我按下门铃，一个非常高且帅的绅士打开房间大门。当他打开房间的对开门之后，我这辈子仅见的巨大套间展现在我面前，墙上吊着精致的树状大吊灯，地砖看起来像大理石一样光滑。我站在门口，向客户打招呼。

“你长得真美。”他说。

我知道自己此时扮演的角色：取悦他，成为他最好的性伴侣。我跟着他走进房间，小心掩饰自己从来没见过这么豪华巨大的套间的事实，他请我在一张大玻璃桌子前坐下，现在我还不知道再过一会儿他就会在这张桌子上和我发生关系。他给我倒了一杯红酒。

我接过酒杯，慢慢变换交叉着双腿，感觉到他的目光一直随着我腿的变动而转移，让我全身充满力量。他把我们俩中间的凳子拿走，赤裸裸地盯着我，好像要把我看穿。布里奇特已经告诉他这是我第一次当应召女郎，这一定让他很兴奋。

“所以你是为了参加活动来维加斯的吗？听起来好像很有趣。”我说。

“我每年都来，有时候为了生意，有时候为了乐子。”他说。

“现在为了我。”我轻佻地挑逗他。

“你是怎么把身材保持得这么好的？太不可思议了。”他问。

我不想告诉他实话，所以谎话张嘴就来。

“我大学时是一名体操运动员。”我说。

“真的吗?”他看起来很兴奋，“我猜你一定很优秀。”

我们俩聊得非常融洽，就好像多年的老朋友一样。他很自信，聊了没多久就让我整个人都放松了。接下来的事情也就顺其自然，他在那方面很强势，可能我是新手这件事让他很亢奋，还没等我回过神来，他就把我扒光了，躺在凉凉的玻璃桌面上我们开始缠绵。我们都非常投入，导致我甚至忘了看时间。

“我必须要走了，待会儿我还有工作要做，为摇滚马拉松做活动。”我说，虽然自己的身份很隐秘，但从没想到这样说会泄露自己的身份。有时候客户也喜欢对他们喜欢的应召女郎刨根问底，追根溯源。“我马上就要走了，不能迟到。”

“好吧，那赶快走吧，别迟到了。”他说。

我很快洗完澡穿好衣服，他递给我一个白色信封，走过来居高临下地看着我的娇小身材。我的心怦怦地开始跳，就像刚跑完一场比赛，每一寸肌肤都开始发热。

“今晚你能过来几个小时吗?”他问。

“当然可以。”我说。

我抬头看着他，*你一定是在开玩笑，我想，这很容易，也很有乐趣，而且我会得到许多钱。*

他打开门，我走的时候跟他吻别。

“打电话给公司预约今晚，我工作完了就过来。”我说。

房间沉重的木门在我身后合上，我匆匆走上电梯，迫不及待地打开信封想看看里面有多少钱。一张又一张，当我数完十张百元大钞时已经心花怒放，我的等级是一小时五百美元，但他却给了我双倍！我的兴致越发高涨，感觉身体中另一个开关被打开。

但一想到马克还在比赛场地等着我，我就有点低落。我不想把刚才发生的事情告诉他，也不想让他知道自己化身凯利有多自在。我现在是凯利，一个与苏茜完全不同的人。凯利是我为自己取的名字，但它不仅仅是个代号而已，还有全新的含义，凯利代表我的新个性：一个自信而强势的女人，自己控制和决定自己的生活。我再也不想变回原来那个妻子和母亲，我能掌控现在的一切。

≈fast girl≈

凯利是我性格中的一部分，她就像我内心的另一面，一直在伺机逃出来。我也曾认真思考过凯利到底是谁以及她应该如何表现，很快我就发现自己的想法很荒唐，其实，我有意识地在按玛丽的性子过自己的新生活。我并没有把玛丽看成应召女郎，而是我非常钦佩玛丽，她很独立，喜欢调皮捣蛋，从来心直口快想说什么就说什么，不在乎别人对她会怎么看。最重要的是，玛丽有自己的想法，当发现跑步不再对她有吸引力后，她果断退役，还有她在生命最后阶段与癌症抗争的经历。我想成为她的样子，或者说我想凯利成为这种样子。

≈≈≈≈≈≈≈≈

12

我的第一次

从酒店出来，我脱下高跟鞋提在手里开始奔跑，虽然道路上还是挤满了人，但我巧妙地避开他们。我成功在比赛开始之前跑到帕罗佐酒店参加活动。

赌场里挤满穿高跟鞋的女人，她们看起来都迫不及待想要冲过这七十五码的距离去赢得五千美元的头奖。赌场里到处都是女孩，再加上闪光灯和铃声，我找了半天才发现马克站在起跑线跟前，他按我之前告诉他的，手里拿着我的黑色短裤和背心。我冲到他跟前告诉他约会进行得非常顺利，虽然他脸上的表情看起来不怎么高兴。

“他们在那里看着你呢。”马克说。

“好的，我马上过去。”我说，走进厕所去换衣服。

我站在起跑线前看着周围的姑娘们，我们是今晚的压轴节目，都是由名人组成，但不允许我们争夺头奖。里面有几个姑娘，我在看《性感野兽》时曾经看到过，她们看起来光芒四射，穿着短裙，长发飘飘。看着她们，我更加渴望展现自己，我背心里穿着性感内衣，所以我将背心脱掉扔在地上，我不再需要那东西了。穿着性感黑色文胸站在那里，我感觉十分舒服和自然，同时内心也在激烈冲突，我的两个世界开始冲撞。比赛开始，我身着胸罩和高跟鞋开始奔跑。自己生活的两个侧面开始合二为一的感觉非常棒，此前我已经与父母、教练冲突过无数次，但都以失败告终。以前别人的目光聚焦到我身上时，我感觉羞耻；我拒绝了《花花公子》的封面女郎请求；为了让自己看起来拥有运动员的完美身材，我做缩胸手术；父亲不高兴，我就不再卖以自己形象为主题的日历；我曾在奥运会上，在全世界人面前被羞辱，不是一次而是三次。现在这一切都结束了，我要开始自己的生活。

我轻松拿下比赛，只是没有奖金，但身穿内衣在人群中跑步给我带来更大冲击。我几乎没有注意到在我身后人群中的马克。

就在我以为今天简直不能更快乐的时候，兜里的电话响了。电话里布里奇特的声音听起来很高兴。

“保罗在你们约会后打电话给我，说你是他的 ATF。”她说。

“ATF 是什么意思?”

“永远的最爱。”她解释说。

“哈哈，有意思，他人真不错。”我说。

“哈哈，他也是这么说你的，他今晚想要再约你，我现在在跟保罗还有他朋友一起吃饭，他们想叫你一起。”

“是吗，好的，我一会儿就过去。”我说。

之前跟布里奇特聊天时，她告诉我她以前也是应召女郎，她顶级的顾客如此盛赞我，肯定也激起她对我的好奇心。我喜欢被称赞的感觉，让我更加自信。我已经等不及要去参加他们的饭局，看到马克在楼底下看湖人和国王的比赛，我暗松了一口气，这样我就不用向他解释自己要做的事了。我要赶快赶过去吃饭，所以没太多时间梳妆打扮，之前见保罗我已经穿过那套性感的套装，所以这次我穿上自己最性感的牛仔裤和紧身上衣，化化妆再整理一下自己的头发就出门了。

我在凯撒宫的帕尔姆饭店见到布里奇特、保罗还有他朋友，布里奇特穿得很休闲，坐在两个男人中间显得很自在。我现在一点也不饿，但我喜欢在拉斯维加斯跟男人坐在一起喝酒吃饭的感觉，所以我感觉很放松。我们四个坐在一起聊天、喝酒、吃饭，就像老朋友一样。快吃完饭时，两个化着浓妆、穿着超短裙的年轻女人走过来。

“哈喽，保罗。”一个金发碧眼的性感女人开口。

“女士，晚上好，很高兴见到你。”保罗彬彬有礼。

“你们今晚干吗?”第二个女人问道。

我明白保罗跟他朋友最近肯定约过这两个女人，所以今晚她们想再次挑逗他们约她俩。即使初见，我也能感到她俩身上的拜金气息，当然我不是在评判别人，但我心里还是无声地笑了笑，这些姑娘还没有意识到，她们今晚已经没有丝毫机会。保罗抽出几张百元大钞付饭钱。

“不好意思，女士们，我们已经吃好了。”保罗站起来等着我和布里奇特起身，就像真正的绅士。姑娘们看起来很不开心，因为我们撇下她们离去。

我们走出饭店时她们又跟过来，看起来打算直接跟我们回到保罗的房间。

我们要怎么摆脱这两个姑娘呢，毕竟我们还有事情做。一个不失体面的方法浮现在我脑海中。

“老公，过来到这边。”我对保罗说。

保罗脸上憋着笑走到我这边来伸出胳膊让我挽着，姑娘们落荒而逃。事情就这样解决了。

我还在熟悉新工作的一切事物，所以如果说当布里奇特告诉我她跟保罗是朋友时，我还有点小吃惊，看到她跟我们一起走回房间则让我大跌眼镜。但我很兴奋，这是一场全新的冒险，一定会很有趣。

这次保罗打开大门邀请我们进去时，我已经对房间的豪华装饰有所准备。我紧紧盯着布里奇特，想要知道一个真正的应召女郎面对这种场景会怎样做，结果发现她跟保罗相互倚靠在一起。她看他的眼神就像在看情人而不是客户，虽然我跟保罗都清楚布里奇特有男朋友，她不会在这里过夜。我一开始以为自己会陪保罗，可现在布里奇特加入，所以我也不确定之后应该怎么办。面对未知，我一点也不紧张，反而兴趣盎然。

我转头打量保罗的朋友。

“玩得高兴吗？”我走过去坐到保罗朋友身旁，好像我们是多年的朋友。

“是的，非常高兴。”他的嗓音浑厚低沉，很能激起人的欲望。虽然布里奇特不打算跟保罗睡觉，但两人却如胶似漆地调情，而且我注意到她一直在留意我们的谈话，从她脸上的表情可以看出她很快乐。保罗递给我一杯黑比诺葡萄酒，才喝了一口，那种醇厚柔滑的感觉就开始在我的血管里扩散。我们一杯接一杯地喝着，就像聚会一样玩得很高兴。我知道布里奇特一直在观察我，这让我觉得自己必须表现出最好的一面。很快我们就进入正题，我是第一个脱衣服的，脱到身上只剩下卡尔文的内衣套装。我一口喝尽杯中的酒，滔滔不绝自己此时的快乐心情。我过去抱住布里奇特，很早之前我就想这么干了。这种感觉很好，然后我们俩开始接吻，这让保罗二人非常激动。最后我们俩分开，我来到保罗朋友身前，跌入他怀中。

我立马就被扒光了衣服，跟保罗的朋友一起躺在床上。我想要变得更加有侵略性，所以我先行动，自信于自己展现的性魅力。同时布里奇特和保罗躺在另外一间屋子的大床上，等保罗最后明白他们不会做爱时，他们停下来走到我们这边，看着我们做爱。

我那时一点也没感到难为情，恰恰相反，被别人看并被称赞，让我越发热情高涨。我不再是原来的苏茜，而是凯利，而且这种能力一直存在于我的身体里，只是以前被压抑了。

我不知道当时是几点，也不知道要待到什么时候，因为我们根本没谈过这些东西。最后我感觉时间已经很晚了，如果我不走的话可能会在这里玩一夜。红酒的后劲逐渐消退，这时我才想起马克也在维加斯，现在他可能正在担忧我到哪里去了。我当时赤身裸体地与保罗的朋友躺在床上休息。我转向布里奇特。

“我要走了，时间已经很晚了。”我说。

布里奇特在床边坐着，转头看向保罗，“凯利要走了。”她说。

他点头。

“我把信封放在厕所的柜子上了。”他说。

拿到信封道完别，我走到衣帽间开始穿衣服，布里奇特跟在我身后。当她跟我走到门口时，对我说：“你真迷人，大家玩得很高兴。”

我非常高兴，因为打开信封我发现里面有两千美元，我度过一段美好的时光，还得到两千美元。

“我还会在这里待一天，不过会很快回来的。”我说。

“好的，我会好好安排的。”她说。

我亲吻她的脸颊后走出房间，心里忐忑回去后马克会有什么反应。结果回去后发现他已经睡了，我轻声进屋，洗完澡后走到床边在马克脸颊上亲了一口。然后躺在床上挨着他，身体仍然充盈着之前的快乐，一点也不想入睡。

第二天布里奇特再次打电话给我，说保罗想见我最后一次，给这样一个优质客户留下好印象让我激动而自豪。

这一次走在静谧、奢华的走廊里时，我已经没有之前的不适感，站在保罗套房前的大门前时，一点也不感到紧张。当他打开门迎接我时，我诱惑地贴到他身上去吻他，然后注意到屋子里有很多人，不仅是昨晚见过的那个，还有其他四个人。他们年轻一点，都穿着牛仔靴。我走进屋子时感到屋子里充满暧昧的气息，只有孤男寡女共处一室时才会有这种氛围。我已经知道接下来要发生什么……

我之前不太想与马克分享昨晚的经历，现在更不想告诉他今晚发生了什么，我不觉得自己做错了什么事情，并很享受这个过程。但我知道如果告诉马克发生的事情，他一定会翻脸，所以回宾馆的时候我尽量装作跟往常一样，我们一起打包行李准备离开。

我们先是飞到洛杉矶，把凯莉放在马克父母马里布的家中。在他父母家住了几天后，我们飞到圣地亚哥市参加一个活动。这期间我一直在怀念维加斯的生活。不久，我的电话又响了起来，布里奇特说另一个优质客户想见我。我告诉她自己正在赶回去。

我一回到维加斯就感觉自己马上变成了凯利。

凯利是我性格中的一部分，她就像我内心的另一面，一直在伺机逃出来。我也曾认真思考过凯利到底是谁以及她应该如何表现，很快我就发现自己的想法很荒唐，其实，我有意识地按玛丽的性子过自己的新生活。我并没有把玛丽看成应召女郎，而是我非常钦佩玛丽，她很独立，喜欢调皮捣蛋，从来心直口快想说什么就说什么，不在乎别人对她会怎么看。最重要的是，玛丽有自己的想法，当发现跑步不再对她有吸引力后，她果断退役，还有她在生命最后阶段与癌症抗争的经历。我想成为她的样子，或者说我想凯利成为这种样子。

这次的客户住在曼德勒海湾度假村，我欢快地穿过赌场走到电梯跟前，看到男人的眼光在我身上肆无忌惮地扫射，我就心潮澎湃。

我走到客户的房间里，发现这次的顾客鲍勃是一个中西部来的长得很好看的富裕农场主，他看起来六七十岁的样子。他有一头性感的银灰色头发，身上带着一股自信、魅惑的风度。我像对其他顾客一样贴到他身上，就像我们是分别已久渴望相聚的情人一样，他看起来很受用。鲍勃订了两个小时，但他没有一上来就脱衣服直奔主题，而是要我陪他下午赌博。我迅速明确自己该扮演的角色，自豪地陪在他身旁，给他男人的自豪感，哪个男人不想带一个年轻的漂亮女人在赌场里招摇过市呢？他走到老虎机跟前坐下，抽出一沓百元大钞，塞一张到机器里开始玩起来。我坐在旁边的凳子上陪着他，努力摆出最诱惑的姿态。

“加油。”当他开始游戏的时候，我说。

但他一直没有赢，等我意识到他一直在输的时候，他已经输了两千多美元，他感觉有点无聊地耸耸肩，然后站起来。*你若无其事地就把两千美元打了水*

漂，还不如给我呢，我在心里想，但没有说一个字。

“走，我们去喝一杯。”他说。

我跟着他来到吧台，他给我点了一杯黑比诺，我们一起坐在一个小桌子前。

“你来维加斯干吗的?”我问。

“做生意，我是做玉米生意的，是跟卖给我玉米种子的朋友一起来的。”他说。

“哦，你们是不是要经常出差?”我问。

“是的，我们经常不在家，我已经结婚了。”他说，好像在说婚姻才是逼得他要一直远离家庭的原因。

“你过得不高兴吗?”我说，感觉自己跟他正在进行真正的沟通。

“还凑合吧，我的小孙子让我非常快乐，但想起我妻子，算了，别提她了。有时候我跟丹佛的一个女人一起出差，如果你有空的话我们也可以一起。”

“好的。”我说。

“你去过丹佛吗?”他问。

“当然，去过好几次，基本上西部和中西部的城市我都去过，我在威斯康星大学上的学。”

“真的吗?”他的声音听起来有点兴奋。

我当时才刚入行，不知道男人们最渴望获得应召女郎的隐私信息，这样会满足他们的独特心理。我还没学会言辞谨慎，因为我不想单纯变成一个应召女郎，而是想与客户形成一种类似朋友之间的关系，每每想起这种与客户之间类似朋友的关系都让我心潮澎湃。如果没有这种联系的话，应召女郎这份工作带给我的快乐会大打折扣。喝完酒回到房间，我很快就脱光衣服，摆好姿势，不知道为什么，我脑子里突然一片空白，用第三人称叫起自己的名字。

“苏茜，”等意识恢复的时候，我马上闭上嘴，装作什么都没发生的样子，希望他没注意到我在说什么。

“凯利，我是在说凯利。”我说。

我注意到他在若有所思地盯着我，但他不可能仅凭这些微小的信息就推断出我是谁，因为世界上有太多人叫苏茜，他怎么会知道我是谁呢？

我希望在应召女郎界能够出人头地，这一行的标准就是有许多回头客。我的策略开始显现效果，鲍勃看起来对我很满意，当我走的时候，他说：“我希望能再见到你。”

“好啊，我也想。”我说。

“我希望能跟你维持长期关系，我不会再找其他女郎了。”

“我很高兴你这么说，下次想找我直接给我发短信就好了，我会赶过来的。”我说。

这就是我一直期望的：成为最优秀的应召女郎。我感到很亢奋。

躁郁症患者的欲望是永无止境的，疯狂的高潮永远都得不到满足，因为总有新的欲望会将高潮推向更高的高潮，就像瘾君子总是需要更多更烈的毒品。对躁郁症患者来说，冒险就是最好的毒品。在众多冒险活动中有一项尤其为人所偏爱，那就是各种刺激的性体验，其余的还有挥霍金钱、亡命驾驶和酗酒。这在正常人眼中显得不可理喻，但对躁郁症患者来说并无理性可言，他们不会顾及事情的负面影响或及时悬崖勒马。他们的行为就像不会控制自己冲动的小孩子，在他们眼中只有及时满足欲望的好处，那就是让他们变得舒服。其他任何事情，包括家庭、朋友和安全在内，都要让位于对欲望的追求。我在维加斯的行动就是典型的未经治疗的躁郁症患者的行为，可能有些人会奇怪一个来自中西部的乡镇女孩怎么会做出这么多出格的行为，这就是原因所在。躁郁症促使我做出许多危险行为，这对以前的我来说是根本不可能的，比如跳伞或把钱花在根本不需要的衣服首饰上。在维加斯的日子里，躁郁症一直折磨着我。

≈fast girl≈

我把这一切都归咎于马克，他总是指责我太自私，把自己的快乐放在婚姻、家庭和事业之前，但我却不这么认为。我讨厌马克，他不理解我，不支持我的行动，他不明白维加斯对我来说意味着什么。他只是想让我待在麦迪逊做一个好妻子、好母亲。现在我才明白马克当时的苦心，他只是单纯地想让他爱的女人快乐一点，但他却没有意识到让我快乐的事情事实上却使我们之间的距离更加遥远。

≈≈≈≈≈≈≈≈≈

13

化身凯利

在马里布，我们与马克的父母一起度过周末，这是我们的传统。然后回到威斯康星，对我来说这是苦难的一月，因为我无法忍受无聊的日常生活和烦琐的工作，跟马克也一直争吵。这样的生活让我感觉异常绝望。

当主持一场家庭招待会时，我咬紧牙关挤出笑脸面对潜在买家，同时心里在想：*在维加斯我一小时就能挣五百美金，而且那还是我喜欢的工作。*现在这份工作看起来就像浪费时间。

我跟马克单独待在一起时很少谈论维加斯的事情，只有在想要打消他的顾虑，让他知道一切都在我的掌控之下时，我才会跟他谈起这方面的话题。

现在回想起来，我的丈夫当时并没有坚决阻止我的行为看起来很怪异，我知道他现在很后悔当时同意我的行为，但其实他也知道，当时没有任何人能阻止我的一举一动。而且他比任何人都更想维持家庭的和平气氛，他看到我比以前更快乐了，对此他感到非常高兴，因为很久以来，我们家都充满了紧张气氛，他没想到我还能变得快乐。他当然不想让我去当应召女郎，但威斯康星无聊的生活无法给我带来欢乐，这是确定无疑的。那个冬天，我另一项打发时间的方式就是隔三岔五跟布里奇特发短信聊天，这种联系让我感觉生活更真实，虽然我们相隔很远。我向布里奇特咨询，作为一个应召女郎，自己以后的职业生涯应该怎样规划，她建议我在公司网站上建立自己的主页，这样可以吸引更多人的注意，她还说我可以飞回维加斯专门拍一组写真上传到主页上。我很喜欢这个主意，逼迫马克同意让我过去。

“绝对不行。”马克说。

“没人会认出我的。”

“等你的照片传播得到处都是的时候就晚了。”

“他们会对我的脸进行模糊化处理，这样就没人能认出我了。”我说。

“我觉得这个主意风险太大，苏茜。”他说。

这就是我们这段日子以来对话的内容，我们还会因为公司、女儿或其他任何小事而争吵。最后我们俩都尽量回避待在一起，这些事情只能让我对维加斯更加心驰神往。

一月上旬的一天，我接到布里奇特的短信，邀请我去参加她们公司为高端客户举办的一次见面会。据她描述，现场的女士们会穿着性感但不失优雅的服装与高端客户一起饮酒聊天，让客户自由选择他们喜欢的女孩，女孩们也可以自由选择她们喜欢的客户。我非常想参加这个见面会。她描述的场景与我脑中幻想的场景立马重合：在一个高端会所里，放着悠扬舒缓的音乐，每个人手里拿着红酒相互交谈。我就是这么向马克描述的。马克只是一再重复，如果我被认出来后果会有多么糟糕，不仅对我们的生意有影响，对我们的女儿也会造成很大伤害。但我笃定自己不会被认出来，维加斯是我生命中唯一可以掌控的地方。我打算过几天就把自己的照片上传到主页上，马克已经厌倦争吵，但还是坚持认为见面会太冒险。其实见面会之所以吸引我，一部分原因就在于这种危险感，我喜欢危险带来的刺激，但无法向马克坦白。

“我会把自己打扮得跟平常不一样呀，没人会认出我来的。”我说。

“你在自找苦吃。”他说。

然而我坚决要去，这将是我脱颖而出的绝佳机会。我上网买了一件紧身超短裙，后背开得非常低。然后在曼德勒海湾度假村预订两晚住房，期待接下来要发生的事情。我一到维加斯就开始为见面会做准备，新衣服紧贴皮肤，我非常喜欢这种感觉。一想到几个小时后客户就要把它从我身上扒下来，我就激动不已。

我走到酒店外打了一辆车，把布里奇特给我的地址告诉司机。当车开得离市区越来越远时，我感到很诧异，这跟我想象的见面会地点似乎不大一样。司机也不知道走到哪里了，反正已经离开维加斯市区，我笑了笑又把地址告诉司机一遍。

最后他把我拉到一座郊区别墅跟前，别墅的大院中摆满用作装饰的石头来代替草坪。我走到门口，有保镖迎接我进去。我提前来到这里是为了用这里的造型师和化妆师把自己打扮漂亮一点，我想要将自己最好的一面展现给高端客户，成为客户万里挑一的选择。现场还没有安排好，人们在布置会场，摆放餐具和食物。我走进卧室临时改装的化妆间打理自己的头发并化妆。

期间一直有女孩走进来打扮自己。

“你的裙子真好看。”一个个子娇小的黄褐色皮肤的女人说。

“谢谢，你看起来也很美。”我说。

我对今晚即将开始的见面会信心满满，非常期待。屋子里有十几个女孩，她们就是我的竞争对手，当我打量她们的时候，看到一张熟悉的面孔走进来，是珍珠。当她朝我看过来的时候，我点头微笑示意，不确定她是否认出我来。但我不想走过去跟她交谈，现在我也是一个应召女郎了，我开始明白她之前为了取悦我们刻意营造一种我们之间有特殊联系的氛围。我现在才明白她之所以这么做是因为这是工作的一部分，就像我现在努力取悦其他客人一样。

我继续打量其他迷人性感的女孩，有些姑娘三三两两地聚在一起高声聊天，但大部分还是各自坐在一边，等待跟男人们聊天和调情。屋子里的姑娘都很年轻，大概二十多岁或三十几岁，只有一个女人看起来跟我一个岁数，甚至老一点，这使我心里得到一点安慰。我不是来这里跟姑娘们聊天的，虽然这些姑娘们都甜美可人，我跟其中一些人还相识，但这不是我来这里的目的。我来这里是为了从她们中间脱颖而出，成为男人最渴望的女人。

我走到吧台要了一杯黑比诺，喝着酒把屋子里的六个卧室都转了一遍。我还没从自己之前对见面会的幻想中转变过来，今晚的活动看起来更像是在郊区举办的一次鸡尾酒会，而不是为公司最高端客户举办的一次特殊见面会。

男人们陆续到场，还有人是带着夫人一起来的，我想不通他们为什么要这么做。但在这个新世界里，没有什么是值得奇怪的。

最后我站累了就找地方坐下来，故意慢慢地分别交叉双腿，向男人们展示自己性感的大腿。*现在我应该成为全场的焦点了*，我想。确实是这样，我能感到男人的目光在我身上游荡，特别是停留在我的腿上。身体里有一种力量要爆发，我渴望被男人们围绕和赞美，这让我感觉好极了。我把头发向后披散，让自己看起来更有女人味。

一个矮个子的中年男人站在离我不远的地方，他走到我身旁坐下来介绍自己，我握住他伸过来的手。

“我叫凯利，很高兴认识你。”我说。

但认识他并没有什么乐趣，因为这个人很无聊，只会坐在那里吹嘘他的生意，我既不懂也不感兴趣。然后旁边一个长得很帅的男人加入我们的聊天。

“你好。”我转过头去跟这个人说话，第一个男人恋恋不舍地看了我一眼，转身跟旁边一个曲线妖娆的高个子女孩聊天去了。

直到一个高个子、黑头发的帅哥找我聊天时，我已经跟好几个人聊过，但都不太满意。这个男的身旁跟着两个朋友，他们分别挑好了各自的女孩。

“你好，我叫凯利。”我说。

“我叫韦恩。”他说。

“韦恩，你从哪儿来？”我问。

“我在洛杉矶有一家软件公司。”他说。

“我很喜欢洛杉矶，在那里住过很长时间。”

“是吗？下次说不定你就有别的理由可以到那里去了。”

“希望如此。”我说。

他向我靠得更近，我能闻到他脸上须后水的味道，还有蓬勃的热量从他的白衬衫里散发出来。

“你打算离开这儿吗？我们打算回酒店聚会，你要一起吗？我的车就在外面。”他说。

这才是我一直在寻找的男人，聪明、幽默、成功、长得帅气，而且从十几个女孩中一眼挑中我。我的身体开始感受到久违的兴奋感。我们俩坐进他的豪华轿车里一路飞驰回市区。

他的朋友带着各自的女孩回到房间，我们俩单独待在他的套间里。他关上房间的灯，从这里能欣赏到维加斯灯红酒绿的迷人夜景，这间房间非常棒。他给我倒了一杯红酒，我们开始聊天。我发现对我来说，这是互动中另一部分很重要的内容，因为这种精神联系直接与性联系在一起。

“你在洛杉矶的时候都玩什么？”我问。

“没什么可玩的，我有几个孩子，他们很难管教。”

“我明白。”

“我结过两次婚，第二次是跟脱衣舞女郎。”他说。

“我猜是出差认识的。”我说，感觉整个人更放松。

最后我开始脱衣服，进入正题。我在这里待了两个半小时，然后去厕所洗澡穿衣服。当我站在浴室的大镜子前时，看到自己比以前瘦多了，自从来到维加斯之后，我食欲就大不如前。我站在镜子前拍了一张自拍，把脸部 P 掉后发给布里奇特上传到我的主页。我不在乎马克会怎么想，我已经有几个熟客，在网站上建立自己的主页可以吸引更多顾客。

我从厕所出来时，韦恩递给我一千美金。

“到了洛杉矶一定要联系我。”他说。

“一定。”

“有机会的话我可以带你一块出差，我会到凤凰城工作一段时间。”他继续说。

“听起来好像不错，有机会再联系。”我说。

我跟韦恩吻别，然后走出房间。回宾馆的路上布里奇特打来电话：“他很喜欢你，表现得很漂亮。”她的夸奖让我本来就头晕目眩的大脑更加飘飘然，我喜欢新生活。

在维加斯的第二晚，我又见了另一位客户，然后搭飞机返回威斯康星。我一点也不想回家，但想向马克炫耀自己在维加斯挣到的钱，向他证明自己在维加斯是多么有价值，他在家时一直没有认识到我能产生的巨大价值。马克来机场接我回家，我一坐上副驾驶座就迫不及待拿出自己挣的钱向他炫耀，“这就是我挣的钱。”我自豪地说。

马克几乎没瞟一眼我的钱，一句话也没说。

“这个叫韦恩的家伙在洛杉矶有家软件公司，我跟他在见面会上认识，一起坐他的豪华轿车回宾馆，他订的套间非常豪华，我在那里待了两个小时，他付给我一千美金。”

“嗯。”马克说，专心地开着车。

“见面会很有意思，我穿着新衣服，其他姑娘都跑过来说我的新衣服很好看，我本来以为见面的地方是昏暗而暧昧的夜店，但实际上却是维加斯郊区的一座别墅。大约有四十位顶尖客户被邀请，其间有点无聊，人们只是坐在那里喝酒聊天。所以我走到一边坐下并跷起二郎腿，然后所有的男人都注意到我，屋子里的人都在打量我。”我激动地说着。

“是吗?”马克认真地盯着我，说道。

“什么？我已经跟你说过，那是个见面会，让大家坐在一起可以认识一下。”

“我知道，不过我以为你会稍微伪装一下，不会这么冒失。万一有人认出你来怎么办，你一点也没有意识到这会有多么严重的后果。”马克有点激动。

“你想太多了。”我闭上眼睛，想象自己正在回到维加斯，借此逃避眼前的一切。

马克有时候的顾虑其实也并非没有道理。有一晚凯莉睡后，我们俩在卧室里，我正在回想维加斯的一切。“你还记得来自中西部的那个客户吗？”我问。

我注意到马克一下子全身僵硬起来，但却没有领会到他紧张的缘由。

“玉米商人？”

“就是他，我好像没告诉过你，那晚在他房间里发生过的最奇怪的事情。”我说。

马克越来越紧张，但我没有停止说话。

“我以第三人称叫自己的名字，也不知道为什么，那时候我忘记自己是凯利了，所以我叫自己苏茜。”

“你，什么？如果他发现你的身份怎么办？如果别人……”马克焦急地说。

如果早知道他会这样反应，我就不该告诉他一切。

“别担心，没事的，我只告诉他自己在威斯康星大学上过学，他不知道我以前练过田径。”我解释道。

“苏茜，你不能这么做，你根本不知道他是个什么样的人，如果一个男人真的喜欢一个女人的话，就会想尽一切办法了解她的信息。”马克爆发了。

我费尽力气去讨好鲍勃，所以真的希望他会喜欢我。我觉得马克有点反应过度，他就是这样疑神疑鬼，这是他最爱干的事情。

“马克，没事的。”我说。

“不，有事!”他拿起床上的 iPad 在屏幕上打了几个字。

“天哪，苏茜，你看一下吧，我只是在搜索引擎里打了苏茜和威斯康星几个字。”他把 iPad 递给我。

屏幕上是我的整个跑步职业生涯，我简直无法相信会这样，但还是觉得不必担心，不会发生任何糟糕的事情，我很自信这一点。我丈夫不明白，我跟客户之间有一种特殊联系，这种联系其他人无法明白，但客户永远不会背叛我，即使他们知道我的真实身份。而且如果鲍勃知道我是谁，说不定会对我更加痴迷，会在评审时帮助我成为维加斯最成功的应召女郎。

我现在大概一个月去一趟维加斯，剩下的日子里，我就不断回味和想象之前的刺激以及下一次旅行。

我很自豪自己在维加斯可以挣这么多钱，对我来说这个工作比卖房子好多了。我希望马克也能明白这一点，这样他就不会这么强烈反对了。我们已经很久没有过夫妻生活，生活中，我们的对话一般只是关于女儿的，或者发生在我想要跟他商量自己在维加斯的新举措时。其他时候我们基本都是躲着对方，这样就可以避免争吵。我把这一切都归咎于马克，他总是指责我太自私，把自己的快乐放在婚姻、家庭和事业之前，但我却不这么认为。我讨厌马克，他不理解我，不支持我的行动，他不明白维加斯对我来说意味着什么。他只是想让我待在麦迪逊做一个好妻子、好母亲。现在我才明白马克当时的苦心，他只是单纯地想让他爱的女人快乐一点，但他却没有意识到让我快乐的事情事实上却使我们之间的距离更加遥远。

最后我给马克看了我拍的那张自拍，在他相信没人会认出我来之后，我正式开始建立自己的主页。我高兴地跟布里奇特反复联系，敲定各种信息，比如虽然我已经四十三岁，但网页上写的是三十九岁；我的身份是一个每月往返维加斯数次的女商人；我最喜欢的酒是黑比诺；我最喜欢的品牌是 LV 和克里斯提·鲁布托。其实我没有这些奢侈品，但这样写了，客户就可能为我买这些东西当作礼物。我等不及看到自己的主页上线，这对我来说是个巨大的进步。

这期间我一直跟包括鲍勃在内的几个熟客保持联系，鲍勃很喜欢跟我互发露骨短信，他想知道我什么时候会回到维加斯。一开始我不知道该怎么跟他说，只是一直跟他发露骨短信，告诉他我也很期待跟他重逢。

最后我的主页上线，我对此充满期待。情人节那天，我在麦迪逊跟马克和凯莉一起度过，但我跟马克之间没有一点浪漫气氛，所以我们都专注于女儿。我会带凯莉去买糖，还要给她班里所有的同学写贺卡。我跟她一起坐在餐桌前完成这些小卡片，这是让我待在这个家里唯一可以做的事情。

一到洛杉矶我就开始保养自己，我听别人说现在应召女郎们都流行做喷雾晒肤，我也在她们常去的地方预约了一次服务。我还在酒店里做了头发和指甲，因为开始认识到妆容精致是工作的本职要求，而且我很享受这个过程。做喷雾晒肤时，看着屋外等候排队的女人们，我感到有点激动，我能看出来她们也都是应召女郎，我对她们身上流露出来的性感和自信印象深刻，想要模仿她们的一举一动。那天晚些时候，我开始为自己的主页拍摄一组写真，我还对自己以前被迫拒绝给《花花公子》拍写真的事情耿耿于怀。奥运选手不能做这些事情，现在我可以随心所欲地做。我兴高采烈地脱掉外套，只穿着内衣拍性感写真，我感觉无拘无束。屋子里还有两个等待拍写真的姑娘，但我一点也不介意她们站在那里，别人看着我只会让我更加高兴。

≈fast girl≈

现在身处维加斯，我也想成为第一。一开始，跟我睡觉的男人对我的恭维就让我非常开心；随后，我需要更大的刺激，用性换钱才能满足我的欲望；然后我的欲望逐渐转化成客户送给我更多更贵的礼物；现在我又迷上另一种让我更加亢奋的东西，那就是应召女郎排名。客户会在情色观察网站上给全世界的应召女郎打分排名。排名对我来说是一种全新的刺激，能满足我竞争的欲望。维加斯跟跑道一样，我一定要赢得第一。

≈≈≈≈≈≈≈≈

14

我知道你是谁

我很高兴自己已经有几个熟客，也很高兴见到鲍勃。再次重逢时，我像一个久别的恋人一样与他热吻，然后坐在沙发上，好奇他会有什么新花样。

他看到我也很高兴，我很满意他的表情。他给我倒了一杯酒，然后靠着我坐下。我本以为他要恭维我，或者讲一下在床上怎么做，但他却丢下一枚重磅炸弹让我措手不及。

“我知道你是谁。”

“你在说什么啊，我是凯利。”我说。

“你在维加斯的时候确实叫凯利，我已经弄清楚了，你的真实身份是苏茜·汉密尔顿，你住在威斯康星。”

马克说的事情不幸被言中，我讨厌这种感觉，讨厌自己以前的身份总是如影随形。但我不担心，我知道自己属于这个世界，只要我在这里，事情就不会发展到不可收拾。鲍勃热切地看着我，看起来很享受这一刻，好像知道了我的隐私后，我们的关系变得不一样，他与我的联系比其他顾客更紧密。

“别担心，我不会告诉别人的。”他继续说道。

“我知道你不会的，我相信你。”我说。

“你说对了，我值得相信。现在我们去买几件性感内衣吧。”

我喜欢这个主意，让男人为我花钱能给我带来很大欢乐。一进入凯撒宫里购物，我就感到飘飘然，然后我们走到“大内密探”内衣店，这家店看起来非常贵而且上档次，我跟鲍勃一起走进去，他随意挑选好几套内衣给导购。

“她将在这里现场穿给我看。”他指着我对导购说。

女导购长得又高又漂亮，完全适合当模特，她给了我一个心领神会的眼神，我非但没有感到尴尬，反而因为她知道我们为什么来这里而心潮澎湃。我大摇大摆地跟着导购走进试衣间，鲍勃坐在外面的沙发上等着我的 T 台秀。我穿好第一套衣服后，导购进来帮我整理了一下，从镜子中看到她站在我后面就已经让我欲望高涨，更不用说她用手帮我调整胸罩的带子。这倒不是说我想跟她发生关系，而是因为我喜欢得到关注，特别关注我的身体。等她帮我弄好后，我打开更衣室的门走到店里，丝毫不在乎自己可能被其他顾客看到。

“天哪。”鲍勃说。

我把头高高扬起，脸上绽放着自信的笑容。我停在他面前，让他一伸手就能碰到我。

“我把你的反应当成赞美了。”我调侃。

“转个身我看看。”他说。

我慢慢转个身，向他全方位展示自己的魅力和性感的肤色。这就是喷雾晒肤的效果。

我连续穿了几套内衣展示给鲍勃看，最后我穿了一套黑色网状内衣，感觉有些怪异，可鲍勃一看到我穿着这套内衣，眼中突然散发出明亮的光泽，“就是这一套了。”他说。

我跟鲍勃站在收银台前等着导购把内衣打包，这一套内衣就要三百美金，比我平常穿的贵太多。当然我跟马克的房地产生意很挣钱，我做职业运动员时也挣了不少钱，但我们从来不会把钱挥霍在性感内衣这种东西上，我们不会这样过日子。对我来说这是全新的刺激。我整个人已经开始因为快乐而颤抖。

很小的时候我就被告知自己很特别，是一个奇才，注定会与众不同。然后我用了二十几年在跑道上全神贯注地追逐梦想。现在身处维加斯，我也想成为第一。一开始，跟我睡觉的男人对我的恭维就让我非常开心；随后，我需要更大的刺激，用性换钱才能满足我的欲望；然后我的欲望逐渐转化成客户送给我更多更贵的礼物；现在我又迷上另一种让我更加亢奋的东西，那就是应召女郎排名。客户会在情色观察网站上给全世界的应召女郎打分排名。排名对我来说是一种全新的刺激，能满足我竞争的欲望。维加斯跟跑道一样，我一定要赢得第一。

同时我还在跟布里奇特联系，确定自己的行程。她是我的联络人，我从来不知道下一个客户是谁，都是她为我安排好的。跟她相处得越久我就越喜欢她，她逐渐为我讲解应召女郎的一些事情，告诉我每年哪个时候有大的活动，对应召女郎会有大的需求，公司会提前安排好最棒的姑娘应对高端客户。二月下旬，她发短信告诉我，3 月 10 至 11 日维加斯会有一场大型汽车赛事，如果我去的话，两天差不多就可以赚五千美元。鲍勃也给我发信息预约一整晚，他也会去那个赛事，所以事情就这样敲定。我订好票，马克什么都没说。

飞机在机场降落时，我亢奋不已，觉得维加斯不夜城的灯光都是在欢迎我的到来，欢迎凯利回家。我等不及画上眼线，戴上假睫毛，穿上大内密探的内衣和黑色高跟鞋，我的脑子里只剩下欲望，渴望解脱和自由。虽然飞机还没完全降落，但凯利已经释放，不需要再忍受这种束缚。

我脱下自己在威斯康星穿的宽大毛衫，露出黑色的打底裤和背心，一秒钟都坐不住。这椅子太小、太局促，而我感觉自己如此巨大，光芒四射。我会向他们展示自己是多么性感、有激情，我的心跳得越来越快，在胸腔里一直跳。让我下飞机，我已经准备好释放内心真实的自己，我再也不想成为苏茜·汉密尔顿了，这才是真实的自我。

我在维加斯最后那段日子里，病情发展到顶峰，除了快感和高潮，没有任何东西能吸引我的兴趣，我也越来越不想再回到威斯康星的家中，甚至不想再想起以前的生活。但表面上我原来的家庭生活还是一切照旧。现在我已经康复，回想那段日子，这可能是我患病以来最痛苦的时间，我抛弃自己的丈夫和女儿，疏远父母，有时候不能去见他们时还要编造谎言。

谢天谢地，我还有一个最好的丈夫在家中为我处理一切。他向同事和父母撒谎，解释说我是因为公众演讲的事情才经常不在家。我不在的日子里，他每天早晨六点就要起床处理房地产经纪的业务，还要送凯莉上学和接她放学，然后一整天都要忙着处理工作上的事情，把凯莉从学校接回来后还要带她参加各种课后活动，晚上喂她吃饭、给她洗澡，最后哄她睡觉。每天都要自己一个人忙这些事情。面对家人和朋友，他为我撒谎，隐藏起自己的不高兴，假装一副坚强勇敢的样子给全世界看。

我知道那段日子对他来说实在是太艰苦了，现在想起他那段日子独自支撑就让我很难受。此外我也很愧疚对父母撒谎，虽然我把这看作是我们家的沉默习惯的内化和继续。马克在那么艰难的时刻仍然努力维系这个家庭，我对他深深地感激。我希望马克能成为榜样，躁郁症患者的配偶和家人可以向他学习怎么对待躁郁症患者。你不是一个人，躁郁症是可以治疗的，我们家会一直与你一起坚持到底。

≈fast girl≈

她哭的声音让我十分难受，也让我猛然意识到自己对她多么亏欠，而自己已经缺失多少温馨的家庭生活。一瞬间，我感觉肾上腺激素飙升的快感没什么意思，对我没意义了。我把手机一下子扔掉，继续打扮自己，我不能再想这些事情，我要下楼去吧台见鲍勃了。我要来一杯红酒，在维加斯纸醉金迷的氛围里重新找回凯利。

≈≈≈≈≈≈≈≈

15

极端

第二天，我花了一个早晨打扮自己，鲍勃付给我三千五百美金过夜陪他，我要对得起他付的钱。打扮完之后我手里拿着手机坐在酒店卧室的床边，我知道马克心里希望我能打个电话给他报平安，但我心里抗拒打电话。最后我终于下定决心并深吸一口气后，拨通了马克的电话。

我告诉他自己在这里什么事也没有，他不用挂念我。我们之间主要是聊凯莉的事情，她现在是我们之间唯一的纽带。我们不咸不淡地聊了几分钟之后，他把电话给了凯莉，让凯莉跟我说话。我用自己最慈祥、最有母性的声音询问凯莉学校和体操课的事情，告诉她自己很快就会回家。很显然凯莉不知道我在哪里，也不知道我为什么不在家，但她话语里的不高兴还是让我很沮丧，有一种负罪感。

"妈咪有事必须要走了，凯莉，妈咪星期一就回家了，到时候我们再聊天好吗？"我说。

"我会想你的，妈咪。"凯莉带着哭腔说。

"我也会想你的，我爱你，宝贝。"

她哭的声音让我十分难受，也让我猛然意识到自己对她多么亏欠，而自己已经缺失多少温馨的家庭生活。一瞬间，我感觉肾上腺激素飙升的快感没什么意思，对我没意义了。我把手机一下子扔掉，继续打扮自己，我不能再想这些事情，我要下楼去吧台见鲍勃了。我要来一杯红酒，在维加斯纸醉金迷的氛围里重新找回凯利。

当看到一头银灰秀发的鲍勃穿过人群走过来时，我感到十分欣慰。我当时刚喝完第一杯酒，鲍勃看到我也十分高兴。知道如何取悦他让我很高兴，我穿着他上次在大内密探为我买的情趣内衣，希望上楼后再走一次 T 台秀。更让我高兴的是他花三千五百美元让我陪他过夜，那种颤抖的感觉再次回到我体内。

"美女好。"他拉开我旁边的凳子坐下。

"我已经等你很长时间了。"我知道他喜欢听这个。

然后我们一起看了全美汽车赛事，全国许多热爱这项赛事的车迷汇聚到维加斯就是为了它。在高速公路旁的一个套房内，我们一边喝酒一边看比赛。等我跟他坐直升机飞回酒店时，打电话带来的负罪感已经完全消失了。我们在他房间里缠绵了一个小时，他对我的一举一动都十分痴迷，所以看到他开始穿衣服让我十分诧异。本来我还以为他会再跟我缠绵一会儿才会下楼去玩老虎机。

"我要去谈个生意，大概三个小时吧。"他说。

"我会很想你的，为了打发时间，我要下去喝一杯。"我说。

在吧台前没坐一会儿，我就感觉角落里有五个人在注意我，我对他们微笑，眉目传情，然后其中一个人把这当作一种暗示，径直走过来跟我聊天。

“你好。”

“你好。”

我们坐在一起闲聊并调情，过了一会儿他说：“过去坐一会儿吧，跟我的朋友聊一会儿天。”

我走到他们桌旁时就领会到他说的朋友是指谁，很明显，他跟另一个人对我很感兴趣，但在座的其他三个人就没有这种意思。所以我很快把精力放在这两个人身上。

“到我们的房间玩一会儿吧。”其中一人说。

“好啊，但我只有一个小时，一小时后我还有其他事情。”我说。

“一小时多少钱?”

“三百美金。”

现在我对这一行已经有了初步了解，女郎们可以私下里接活，对我来说，在酒吧里随意邂逅一个男人并让他为我付钱十分容易。但有时候这些人并没有提前计划这种事情，他们可能不愿或无力支付高昂的费用。这对我来说没问题，同时我也不在乎自己邂逅的这些人并没有经过严格的背景审查，以确保他们举止良好，不会伤害应召女郎。

跟他们聊了十分钟之后我们上楼，我打算尽量取悦这两个男人。但我们刚开始没多久，我的电话就响了，是鲍勃，“你在哪儿啊，我的宝贝?”天哪，我在哪儿？我就在这儿，全身赤裸地与两个男人待在酒店套房里。“我在赌场里，马上就回去。”

我把手机放回钱包，手忙脚乱地找衣服，刚才进房间时我扔得到处都是。

“你在干吗?”他们两个人不明所以地喊道，不想事情就这么结束。

“你们不知道，我有个客户，他已经付钱包了我一整天。”

“不行，不行，留在这儿!”他们一遍又一遍地对我说，努力想要说服我。

“说真的，我得走了。”我又重复一遍。

他们最后还是让我走了，还把钱按照之前说好的结了，我把自己的号码给了他们。

我匆忙跑到电梯那儿，上气不接下气地跑回去见鲍勃，觉得刚才的冒险刺激得要死，我很享受这个过程。现在我又是凯利了，我自己定自己的规矩。

吃过晚饭，我们又在床上一起缠绵了几个小时后，鲍勃打算睡觉。他很贴心，单独给了我套间内的一间房。我很高兴有自己的个人空间，因为我太兴奋了，以致于难以入睡，当电话响时，我正在看电视。

“溜出来陪我们吧，快点，还有一个朋友在等你。”

是先前那几个人，那一刻我很想出去陪他们而不是留在这里陪鲍勃，他这么早就睡觉了，而我还没玩够呢，我想要疯狂的一夜而不是像现在这样看电视。但我不能出去，最后我婉拒了他们，直到很晚才睡着。

这次在维加斯，还有另一场约会，我十分期待这次约会，因为这是我第一次以应召女郎的身份跟一对夫妻一起玩三人行。这对夫妻要庆祝他们结婚十二周年，想到我跟马克结婚纪念日的那次三人行给我带来的改变，我十分想让这对夫妻也感受同样的经历。

当我走到他们酒店的房间时，感觉十分兴奋，他们夫妻俩长得都很好看，现在我对女人已经完全放开，知道自己对女人也很有吸引力，所以我十分高兴。

但当我们坐下来喝酒聊天增进了解的时候，我察觉到这次三人行是她丈夫的主意，她丈夫说服她接受这次行动。洛伊斯出于对丈夫的爱接受了他的提议，我要想办法让她放松下来。

“所以你们是来这儿庆祝结婚十二周年纪念日的吗？这真的是很长一段时间。”我直直地看着洛伊斯，眼带柔情。

“是的，十二年了，史蒂夫是我的挚爱。”

“你看起来没那么老。”我说。

“已经很老了，我们俩有五个孩子。”她说。

“你看起来一点都不像有五个孩子的样子，”我开玩笑道，“你是做什么的，健美教练吗？”

“不是，我是个老师，我们夫妻俩都是老师。”洛伊斯咯咯地笑着说。

看到她放松下来，我很高兴，我把这当作一种暗示，直接起身去亲她。我的嘴唇刚碰到她时，她的身体一下子僵硬起来，但随后她开始沉迷于感官享受，身体也向我开放。我把注意力主要放在她身上，希望她能放松地享受这次经历。上次我玩三人行时，马克其实并不怎么愿意，但他为了让我高兴只好委屈自己，洛伊斯的丈夫史蒂夫表现得与马克完全不同。他急迫地想要加入我们俩，有他在旁边毛手毛脚，我无法专注地跟洛伊斯交流，但我尽量平衡这一点。最后她看到史蒂夫在结婚纪念日这一天把全部精力都放在我身上而不是她身上后，就不高兴起来了，史蒂夫也离开去另一个房间穿衣服，留下她自己躺在大床上。她看到他离开后就伤心地走进厕所，我能看到她在里面痛哭。我本来想让她能玩得愉快，看到现在这种情况让我感觉很糟糕，我不让史蒂夫主导这一切，事情也就不会变成现在这样。洛伊斯的眼泪让我很震动，我不想离间他们俩之间的关系，即使这不是我的错。我要掌控这一切，让眼前这个女人高兴。所以我走进厕所，看到眼泪已经弄花她脸上的妆。

“你还好吗？”我问。

“今天是我们十二周年纪念日，我从来没想过今晚会这样度过，我不想玩三人行，尤其是在自己的结婚纪念日里。”她抽噎着说。

事情很糟糕，今晚的三人行是史蒂夫给自己的礼物，但对洛伊斯来说不啻于噩梦。我努力想哄她开心，可当史蒂夫吹着口哨走进来时，一切前功尽弃。他连看她都没看，还是把注意力放在我身上。

“我送你出去。”他说。

我看着洛伊斯，感觉自己无能为力，我的时间已经到了，也知道自己做不了什么来弥补他们夫妻之间的关系，最后我跟她拥抱了一下，然后开始穿衣服。

“今晚的经历真刺激。”他说。

我用眼角的余光打量他，心想他怎么能如此漠视自己妻子的悲伤。不过他的反应跟我第一次玩三人行时一样，至少他是高兴的，我心里宽慰自己，同时觉得今晚的事情弄得很糟糕。

“是啊。”我回应。

我们俩单独在电梯里时，他靠近我身边。

“把你的电话给我，有机会我还会约你。”他期待地说。

我猜他指的是不带他老婆。虽然我很想帮助他们，但我也知道自己无能为力，毕竟这是他们夫妻俩的事情。最后我把号码给他了。

一开始确诊躁郁症的时候，医生给我一张表格让我选择，里面是躁郁症患者的症状。看着这张表，我感觉就像自己的性格描述：心绪不稳、易怒、不想睡觉、想法跳跃以及自大和挥金如土。但这些都不是最能与我产生共鸣的，过度渴求性才是我内心最深的欲望。单单有性也不足以让我满足，那些会产生极其严重后果的刺激的性冒险以及其他越危险的活动越能让我兴奋。一直到现在，我都无法向自己的朋友、家人以及公众解释自己为什么会去拉斯维加斯成为一名高级应召女郎，我自己内心也无法理解自己的举动。最后真相大白，不是苏茜想成为一名追求感官欲望的应召女郎，这都是躁郁症造成的。是疾病把我带到维加斯来，让我尝试各种冒险的行为，不仅伤害了自己，还伤害了我的家人和丈夫。我对那些还在做应召女郎的朋友还有其他性工作者非常同情，我对自己之前的行为不感到羞耻，这段经历也是人生的一笔“财富”。虽然我个人不适合应召女郎这份工作，可我觉得两个成年人自愿钱色交易是个人行为，所以我不会假装忏悔自己认为没有做错的事情，即使这种行为是公众禁忌。这也是我对本书的最大期望，结束这种羞耻文化，特别是帮助那些身患躁郁症的患者从这种羞耻心中解脱出来，患病所做的一切都不是他们心中真实的想法。我们应该努力与疾病做斗争，最后把这份宝贵的经历与这个世界交流，以帮助更多的人。

≈fast girl≈

我过得比以前更快乐，而马克则一头扎入工作之中，除此之外，他还有凯莉和家人。我开始觉得自己跟那些客户其实没什么区别，他们的婚姻已经失去价值但又不想离婚，所以他们秘密招应召女郎找乐子，这样不会危及他们的声誉和婚姻。我跟马克也想保留这段婚姻，最起码在形式上，所以我们俩心照不宣做自己的事情。

≈≈≈≈≈≈≈≈

16

权宜婚姻

返回麦迪逊后，生活又回到原来的老样子。我现在的婚姻基本上是权宜婚姻。马克已经意识到跟我聊维加斯的任何事情最后都会以争吵收场，而他实在不想争吵。他考虑过离开我或者是向别人倾诉他现在的糟糕生活，可他的本性又制止他这样做。陷入困境的他只好把自己埋头于工作和照顾女儿，希望有一天我能自己振作起来，并明白自己的行为有多鲁莽和任性。我之所以还坚持这段婚姻是因为马克是我的丈夫，保持婚姻的形式让我有一种归属感，我们还有女儿、父母、生意，所以我们不能离婚，除非实在没有选择的余地。最终我们俩都接受现状，就这么凑合着过。

我过得比以前更快乐，而马克则一头扎入工作之中，除此之外，他还有凯莉和家人。我开始觉得自己跟那些客户其实没什么区别，他们的婚姻已经失去价值但又不想离婚，所以他们秘密招应召女郎找乐子，这样不会危及他们的声誉和婚姻。我跟马克也想保留这段婚姻，最起码在形式上，所以我们俩心照不宣做自己的事情。

现在我在维加斯有几个熟客，所以逗留的时间更长。虽然麦迪逊的三月已经初显春意，但我感觉自己还是在永无止境的冰天雪地中没有出路。而只要一回到维加斯，一切都变得不一样。我发短信给罗杰斯，他是部队的一位高级军官，我们俩现在打得火热。他是我这周第一个客户，之前在一月和三月的时候，我们已经约会过几次，所以这次见到我时，他就像老朋友一样轻松自在。这次跟他见面的经历很有意思，应召女郎的生活总是充满惊喜，而不是一成不变的。我走到他房间里，亲他一口后坐在床边开始脱衣服，从这间房可以俯瞰整个维加斯的美景，不管看多少遍都看不够。我脱衣服的时候，罗杰斯没有看着我，而是走到衣柜前停顿了数秒，我好奇地看着他的举动，看到他打开柜子拿出一件灰白的皮大衣。

“试试这件衣服。”他说。

“谢谢。”我说，用手摸着皮大衣光滑的表面。

我知道这时候他脑子里想着什么东西，脱掉内衣内裤后我光着身子穿上皮大衣，敞开着衣服，这样会显得更诱人。我忍不住想起他母亲，穿着时尚，喜欢皮大衣，每次我跟他在一起时他都会聊这个。无疑，应召女郎填补了他心中由于失去母亲而空缺的地方。我不敢让自己想得更深，只要做好自己的本职工作就够了，他喜欢他母亲是他的事情。我能感受到他失去母亲的痛苦，如果这样能让他好受一点，我很乐意效劳。

当我穿着皮大衣为他展示时，他看起来十分兴奋。接下来他一直让我穿着那件皮大衣，直到我准备离开的时候，他还要拉着我一起看爱情动作片。我当然不会上当。

“我想待在这里，但我还有一场约会呢。”我撒谎。

“可我不想让你走。”他就像个孩子一样撒娇。

“我也不想走，但我必须得走了，你知道我不能迟到的。”我说。

“明天能见到你吗?”他问。

“当然，发短信给我。”我说。

我穿上自己来时穿的衣服准备离开，走的时候把那件皮大衣放在床上。

“这是给你的。”他说。

“天哪，你真好，谢谢。”我说。

我姿势优雅地拿起皮大衣穿上，装出一副十分喜欢的样子，好像这是我得到的最为喜爱的礼物，然后过去跟他热吻道别。等一走到电梯跟前时，我就把大衣脱了下来，我对皮草不怎么痴迷，而且现在的天气穿皮大衣太热了。但重点不在于这是皮大衣，而在于它很贵，这对我来说就够了。

一开始我总是额外陪客户一段时间以博得好感，但后来我发现其实不用这样，他们也愿意在网站上给我好评。只要我提出要求他们就会这样做。很快我就得到二十个好评进入排行榜，我在维加斯榜单中排名第二。看到这个成绩让我心花怒放，我感觉自己选对职业道路了，我对这个成绩很满意。第一名我也认识，是一个金发碧眼的尤物，三十多岁的年纪，我曾跟她一起招待过一个客户。她之所以成名是因为一晚上能来五次高潮，或者说假装有五次，反正男人们也分辨不出来。她长得甜美可人，十分有魅惑力。看见她本人你就会明白，为什么所有客户都喜欢她，我知道自己无法超越她成为第一。说服自己面对只能屈居第二的现实很困难，但有时候看看客户对我的评价会让我舒服一点："花在她身上的钱很值，如果再不停止去看她，我感觉自己都快破产了。不过我希望别人都别约她，这样她就只属于我一个人了。我从没想过在这一行里能碰见她这样的人。"后来我得知在维加斯排第二意味着在全世界排名第九。我不知道还有这样一个世界排名，怎么会有这样一个榜单呢？除此之外最让人振奋的可能就是我的价格已经涨到六百美元一小时，按照惯例，公司还是会抽取百分之二十提成。

那年六月的维加斯之旅跟之前几次差不多，都充满欢乐与刺激，每一秒我都很享受。有时候，我会去做做喷雾晒肤，顺便做个指甲，有时会到吧台前跟调酒师聊会儿天，或和其他姑娘们一起吃饭，总之我觉得日子过得如鱼得水。工作以来我也认识了不少姑娘，其中有一些非常狡诈而且嫉妒成性；但也有一些让我印象非常深刻，她们在现实生活中事业非常成功，差不多能达到来花钱的客户那种水平。我结识了一个女律师，她事业很成功，但就是喜欢应召女郎的生活，所以她一个月来一次维加斯，只见少数几个特殊客户。跟这些职业女性聊天很舒服，因为她们不会像那些女郎一样妒忌。六月的一天，我坐在吧台前跟我的朋友莉莉一起吃饭，我们之前一起玩过多次三人行，现在已经成为好朋友。

"你住在维加斯吗？"我问。

"是的，你呢？"她说。

"不在这儿，我跟丈夫住在中西部，一个月飞回来几次见几个熟客。"

"都有谁啊？"她问。

我努力回想莉莉可能认识我的哪个熟客。

“罗杰斯，部队那个，我每次回来都会见他。”我说。

“哈哈，我知道那个人，他送你皮大衣了吗?”

“哈哈，送了。”我笑着说。

“也给我送了。”莉莉哈哈大笑。

从一开始我就觉得应召女郎这份工作很正常，但只有跟圈内人交流时，我才会放松一点，因为在她们眼里也认为这没什么。我们俩一起罗列自己的客户，看看还有哪些人我们俩都接过单。不知道怎么的，我突然想起那个见过一次的亚裔美国人。

“你也见过他? 我也见过! 他又小又瘦。”莉莉高声说。

我们俩一起咯咯笑，我知道这样不好，但就是忍不住。

“我觉得挺对不住他的，他人很好，虽然他那方面不行，但我还是努力想把他伺候好。”我说。

“我懂，我也觉得笑他不大好。”莉莉说。

维加斯的生活总是精彩纷呈，对我来说，以前不可接受的行为现在已是家常便饭。有时候跟夫妻俩一起，有时候跟其他女孩一起服务客户。有一次一个老板为了招待客户，包了我们三个人去曼德勒海湾度假村一起玩。还有一个客户喜欢去脱衣舞俱乐部，他带我一起去看脱衣舞，然后在我跟前跳膝上舞。一个在伊拉克战场上被击中胃部的军官在我们这里重新找回男人的自信。来参加赛车比赛的一个西班牙人在这里玩得乐不思蜀。一个年轻的高尔夫球运动员的女朋友喜欢玩三人行，一个赢了维加斯扑克大赛的职业赌徒花钱让我教他，因为他现在有钱了，但自己又不知道该怎么与女人相处。

纸醉金迷的生活让我有些麻木，即使发生一些不好的事情时，我也缺乏应有的警惕。通常我都会很小心，不会在去客户那里时带任何泄露身份的东西或私人物品，这是其他女郎教我的。我去见客户的时候都不带驾驶证，因为客户会趁你进浴室时翻你的包。进房间后我还会格外注意电脑等数码产品，我会不经意地扔件衣服盖住电脑，以防偷拍。我现在表现得也很专业，每个细节都考虑得很周到。所以当我发现自己把 iPad 落在客户那里时简直不敢相信自己的大意。幸好我们俩住同一个酒店，我立马跑回去拿，他拿到手应该最多也就三五分钟，当他把 iPad 递给我时显得很轻松，装得好像他都没发现一样。但他肯定发现了，还打开了我的 iPad，因为第二天他就给我的邮箱发了一封邮件，他是维加斯第三个知道我身份的人。上个月，有个去过威斯康星大学的熟客认出了我。

≈fast girl≈

在家里待着意味着与马克相处更长时间，但我们俩关系实在说不上亲密。我反复放自己与客户听的歌，这样我会感觉自己与维加斯还有一种联系，我比较喜欢放布鲁诺·马尔斯的《深陷天堂》和亚瑟小子的《麻木》，一遍又一遍地放这些歌，直到最后马克实在无法忍受而抗议。

≈≈≈≈≈≈≈≈

17

麻木

维加斯的夏季是淡季，而且酷热难耐，也没有很多大型比赛，无法吸引医生和商人们到这里来寻欢作乐。凯莉放暑假后更忙了，要上游泳班、潜水班、足球课还有舞蹈课，马克自己一个人忙不过来，所以我花更多时间待在家里照顾凯莉。

在家里待着意味着与马克相处更长时间，但我们俩关系实在说不上亲密。我反复放自己与客户听的歌，这样我会感觉自己与维加斯还有一种联系，我比较喜欢放布鲁诺·马尔斯的《深陷天堂》和亚瑟小子的《麻木》，一遍又一遍地放这些歌，直到最后马克实在无法忍受而抗议。我一直与布里奇特保持联系，还有几个圈里的朋友和熟客。现在我已经成功让几个客户相信我对他们情有独钟，而不是像跟其他客户一样只是皮肉交易，最后甚至会忍不住跟他们一起私奔。游走在他们对我的痴迷中，我感觉得心应手，只要我在维加斯，他们就会随叫随到。有时候他们发短信给我，说他们正在赶往维加斯，想要在那里见到我。而我则告诉他们如果想我现在飞过去，他们必须包我四个小时，反正至少有一个人会答应我的要求。一次约定就足以成为我七月再次返回维加斯的理由，如果去了之后能接到更多活当然更好。最后我总能在去了之后接到更多活，所以这个计划看上去很不错。

那次回去，我除了见罗杰斯和鲍勃，还见了一个新客户，我们俩在帕拉佐酒店的双螺旋酒吧见面，我只知道他是来自堪萨斯的医生，打从他看到我的那眼起就被我迷得神魂颠倒。

如果说在酒吧他对我还只是初见时的亢奋，等回到酒店后他已经过度兴奋。他戴上眼罩，拿出绳子和其他 SM（性虐恋）工具，我对这些东西也不排斥，所以玩得很高兴。最后我们俩一起躺在床上休息，他迷恋地盯着我。

“你简直太棒了。我在家里一年大概只跟老婆睡两三回，她也有婚外情，我现在跟她已经形同陌路了。”

“很抱歉听到这样的消息，太糟糕了。”我说。

“我之前已经约过不少女郎，但她们都比不上你，以后我只见你好吗?”他说。

“好啊。”

“你明天有空吗？我想带你去购物，你喜欢什么牌子?”

我停下来想了几秒钟，既不想狮子大开口显得太贪婪，又不想错过这个好机会。

“荷芙妮格，还有鲁布托。”我说。

“你穿那几家牌子的衣服一定会非常美丽动人，我想给你买全套的。”他说。

我感觉飘飘然起来，已经从性欲过后的高潮转移到疯狂购物的喜悦中。

那天晚上我到莱昂内尔房间时，他整个人看起来兴奋得已经说不出话来。

“我知道你是谁了，你是苏茜·汉密尔顿，我记得以前在电视上看过你比赛，最近我还看了一部纪录片，说你是赛会史上排名前二十的优秀选手。”他语无伦次地说完。

“莱昂内尔，你要向我保证不会向任何人透露我的真实身份，好吗?”

“我当然不会告诉任何人，我爱你。”

我听到这句话后吃惊地往后退了一步，即使对我最为痴迷的客户也从没用过爱这个字眼，而跟他才第二次见面。

“很好。”我努力想哄住他。

“我说真的，我想你来堪萨斯看我，我们可以在现实生活中深入交往，你要嫁给我。”

“莱昂内尔，既然你知道我是谁，你肯定也知道我结婚了。”我对他说。

“我猜肯定不太如意，不然你不会出现在这里，离开他嫁给我吧，我说真的，我是个医生，有钱给你想要的一切，我会宠着你的。我们可以去热带小岛度假，以后每天我们可以上两次床。”

我立即抓住这个暗示，想用性来转移他的注意力，不让他继续纠结于娶我这个事情。从此以后，莱昂内尔成为我最忠实的爱慕者。

近一段时间以来，我跟马克的关系缓和不少，给各自独立的生活空间大大减少了我们冲突的机会。那个夏天我待在家里的时间更长，我们俩一起接送凯莉参加各类兴趣班或活动，在这个过程中，我们俩的关系比以前几个月甚至过去一年都更为缓和。

8 月 8 号是我四十四岁生日，我们俩决定一起庆祝。白天把凯莉从游泳班接回来后，我们将她送到邻居的日间夏令营里照管。凯莉看到我俩都在她身边显得很高兴，非得让我们在离开之前一家三口一起合个影，随后我们驱车前往市区的一家高档酒店吃浪漫烛光晚餐。那天晚上回来之后，我们俩甚至有了夫妻生活，虽然不像过去那样浓情蜜意，但至少是一个好的开始。

我们俩之间的坚冰融化之后，开始讨论一些比鸡毛蒜皮的小事更为重要的事情。现在有许多事情要处理，其中一直困扰着马克的就是关于税务的事情。2011 年他偷偷用我赚的一小部分钱交我们的税，而且 2012 年用得更多，他不知道该怎么向我们的税务师和国税局解释这笔钱的来历。

马克甚至大胆地说出不想我再做应召女郎的建议，他以前从没有说过。当时我们在卧室里，他抬起头对我说：

"苏茜，必须收手了，已经有很多人认出你来了，消息泄露是早晚的事情，这太危险。"

马克以前也说过这太危险，但最后总是听之任之，无法改变我的想法。

"不行，这是我人生里最开心的一段时间了。"我对他说。

马克悲伤地看着我。当然在我的人生中，结婚那天和生凯莉那天都带给我无比的快乐，但那都是很久之前的事了，而现在维加斯的事情不一样。

"你得去看看心理医生，你以前有过抑郁病史。"马克说。

我跟他说我很快乐，他却对我说我得去看心理医生。他以为自己是谁？

"我已经好了，现在完全没事了。"我努力想说服他相信我。

最后，马克投降了。

第二天我就飞往维加斯，并且在很长一段时间里没回来。

≈fast girl≈

我跟马克以前基本上什么花样都玩过，其中有一些我还蛮喜欢的。除此之外我没有道德洁癖，我所考虑的只有怎么让客户满意，让他们实现自己的幻想，所以基本上我都热切回应客户的任何新玩法。但也有一些事情我不会做，没有商量的余地可言。没有人逼迫我，但我感觉自己在慢慢滑向深渊，现在毒品、奢侈品还有跟客户过夜对我来说已经是家常便饭，我需要更多更刺激的事情来提神。这种行为一开始效果还不错。

≈≈≈≈≈≈≈≈≈

18

嫁给我

第二次见莱昂内尔时，他给我买了一件特别的礼物，吃晚饭的时候，他把小礼盒从饭桌上递给我。许多客户喜欢看我看到礼物时惊喜万分的样子，我也就很配合地表现出很好奇的样子。莱昂内尔渴望的东西不是性，他想要我成为他现实生活中的妻子，所以当我们俩在一起的时候，即使不明说，我也假装表现得像他妻子一样。

“你今晚看起来真美，我给你买了个礼物。”他说。

我对今晚本来已经非常陶醉，高档的饭店和芬芳的红酒还有莱昂内尔的夸奖都让我有些飘飘然，可当打开盒子的时候我还是感觉自己脉搏加快，手中的盒子里放着一条钻石项链。他已经给我买过一套性感的荷芙妮格套装，还送给我一个 iPad，虽然我告诉过他自己已经有一个了。钻石项链对我来说真是太有吸引力了，这是我的新生活最有力的价值和证明。

“谢谢你，我很爱这条项链。”

“而我爱你。”他说。

然后他突然从幻想中摆脱出来，开始逼我答应他的渴望和请求。

“我会给你想要的一切，礼物、度假等等。凡是你丈夫满足不了你的，我都可以做到，你再也不用待在维加斯做这个了。”他说。

*如果我来维加斯是为了钱，我当然会答应他。*我心里想。

我知道自己不会离开马克，不会嫁给莱昂内尔，也不会停止应召女郎的工作，莱昂内尔的激情和坚持还是让我很受用。

“你真好。”我说。

“我们在一起会过得很快乐的，苏茜。”他锲而不舍。

在维加斯听到自己真实的名字让我感觉很不适应，我不想他说出这个名字。

“帮我戴上好吗，等回房间后我什么都不穿只戴着这条项链为你走模特步。”我想尽量转移他的话题，把气氛弄得暧昧、轻松一点。

他走到我身后，我把头发挑高好让他帮我戴上项链。钻石项链贴在脖子上凉凉的、有点重，我喜欢这种有点重的感觉，有关钻石、美金，这些都是他承诺给我的。

不光我的熟客会为我一掷千金。有一天我接到布里奇特的电话，要为我安排跟一个大客户的约会。

“我给你安排这次约会，跟吉米。他会为约的每一个女孩购买昂贵礼物，所以做好购物的打算吧，他非常有钱。”

“棒极了。”我说，等着她继续往下说。

“好的，加油。”她打算挂断电话。

“就这样?”我问，想要知道更多细节，我一贯都喜欢这样做，有备无患。对我来说，知道自己即将要见的客户是谁以及怎样取悦他十分重要，很显然布里奇特没明白我话里的意思。

“就这样。”她准备挂断电话。

“等等，他长什么样，是干什么的，有什么特殊喜好吗?”我问道。

布里奇特听起来有些不耐烦，可还是草草跟我说了一遍基本信息。我甚至可以想到她当时的心理活动是：真是一个讨厌鬼，其他姑娘可不会像她这样问东问西。但谁让我是维加斯排名第二的女郎呢，所以她必须迎合我。

站在吉米门前时，我很激动，因为一会儿就要收到昂贵的礼物。我已经准备好在床上玩一些小玩意儿让他高兴，如果他会给我买礼物，我一定会让他感受到我是多么喜欢他的礼物。门打开时，一个穿着商务便装的老绅士带着甜美的微笑站在门后。

“你好。”我打完招呼后对着他的嘴就亲上去。

他略微后退，好像有些不习惯，但还是微笑应对。

“你好，凯利，很高兴见到你，先吃饭吧。”他说。

进门后吉米并没有直入主题、领着我进卧室，我感觉有些诧异，但并没有表现出来。因为他表现得很沉稳、体贴，我收起之前轻浮的样子适应他的节奏。我们坐在一起聊天时没有任何荤段子或不得体的话，随后我们一起下去吃饭，他在维加斯顶级的饭店订好位子了，让我印象深刻的是似乎饭店里的人都知道他是谁，对他都非常尊敬。布里奇特只简单告诉我一点关于他的基本信息，此外我不知道一点关于他的个人隐私，但我很喜欢跟他一起出来的感觉。到我们吃饭的地方时，他做出姿势让我先走，非常绅士。跟客户外出就餐时，我一般只会格外点黑比诺葡萄酒和柠檬马丁尼酒，除此之外的其他酒和饭菜，我都按照客户的喜好来。所以当我看到吉米点了一瓶一千美金的红酒时，我很吃惊，这是我第一次喝一千美金一瓶的红酒，太值得纪念了。

“你经常来维加斯吗?”我对他的背景十分好奇。

“偶尔，我更喜欢去欧洲，但维加斯还是有其独特之处比较吸引我。”

“我也喜欢欧洲，尤其是蒙特卡洛。”我说。

“是的，蒙特卡洛是座很美的城市。”应召女郎还知道关于欧洲的事情，吉米看起来有点诧异，不过感觉挺有意思的。

吃饭过程中，吉米数次用若有所思的眼神看着我，他没想到自己会跟我进行这么有深度的对话。明白他的内心想法后，我没有火冒三丈，感觉受到藐视，反而因他对我的垂青感到非常自豪和高兴。吃完饭，服务生送过来账单，单单吃饭就花了一千美元，加上一千美元的红酒，这顿饭吃掉两千美元。从来还没有哪个客户跟我吃饭就花掉两千美元，我激动得全身颤抖，面色发红。

“你喜欢逛哪家店，香奈儿还是 LV？他们都在附近。”在等待服务生送回他的信用卡时，他问我。

这简直是世界上最好的事了，我想。但吉米如此慷慨，让我有些不好意思，我不是那种贪得无厌的人。

“你觉得哪家比较好?”我问。

“LV 怎么样?”

“好啊，我还没买过昂贵的包。”

走进 LV 的店面时，我被里面展示的昂贵手提包惊呆了，感觉就像在天堂一样。

“你喜欢哪个？”他微笑地看着我。

我看了看四周，再一次有些犹豫。这些包看起来都很好看，他人这么好，我不想选个太贵的。

“你觉得哪个好看？帮我挑一个吧。”我问。

他看了看货架，从中挑出一个漂亮的包。

我简直高兴坏了，在柜台前时都有点站不住了。

“这是我买的第一个奢侈品包包，他简直太好了。”我对售货员说。

售货员笑了笑，好像看到别人为拥有真正的奢侈品而高兴自己也觉得很有趣。我兴奋得不能自已，在店里就有点飘飘然，不过我能看出来售货员觉得我这样做挺有意思的。

在回去路上的车里，我开始脱衣服。最后我们发生关系，但只有短短的十五分钟。似乎性爱不是吉米感兴趣的点，他只是想要带一个年轻的女人一起去最昂贵的餐厅吃饭，然后带她去奢侈品店买包包，这些包是女郎们自己没有或买不起的，她们的感激和崇拜之情才是吉米真正想要的东西。如果这就是吉米想要的东西，那我很高兴能满足他，也很乐意这么干。

约会结束时，我还沉浸在那顿昂贵的饭和奢侈品包包中无法自拔，十分自豪自己能得到一位这么成功、这么有钱的男人的另眼相看。

“我想以后再约你。”他说。听到这话让我更加心花怒放。

那个月晚些时候，我见了一个名叫迪伦的客户，他是一个有钱的科技专家，刚把自己的软件公司卖掉，现在整天在维加斯花天酒地，招嫖赌博。有一次饭前我们喝红酒时，他开始向我吐露心声。

“我觉得自己除了来维加斯花天酒地外没地方去了，我以前过的是无性婚姻。”他说。

“许多人都这样，但只要你自己能照顾自己就好，你妻子知道你来这儿吗?”说这些话的时候我努力不让自己想起马克。

“她有一段时间不知道，最近知道后也允许我这么做了。”他说。

“这对你们俩来说都是最好的解决办法。”我说。

我坐在高档饭店里，喝着价值不菲的红酒，跟一个已经赢得信任的有钱人谈论他失败的婚姻。如果是不久之前，单单只是这其中一项就足以让我感到异常激动，但现在对我来说都很平常。

“我的豪华轿车停在外面等着拉我们回酒店。”吃完饭后，迪伦对我说。

我们坐进豪华的后座里开始接吻。

他突然停止并转身找东西。

“有东西要给你。”他说。

“什么?”我很兴奋，期待是珠宝之类的东西。

他掏出一个包，从里面拿出一个小瓶子，倒出两粒药片放在手里。

“一个给你，一个给我。”他说。

“这是什么?”我警惕地问。

“能让你变兴奋的东西，放心吧，没什么坏处，我向你保证很安全，你只要喝点水就可以了。”他说。

这对凯利来说就够了，凯利喜欢任何冒险的乐子。听到他说的话，我没有任何迟疑，一口就把药片吞下去。当司机开着车经过灯火辉煌的银行大楼时，我们开始亲吻，然后我很快地脱到只剩内衣内裤。司机和后座之间的挡板开始上升，我意识到司机想给我们点私密空间，但突然之间我意识到司机其实还可以通过后视镜看到后座发生的事情，想到别人正在注视着我们就让我不能自已。迪伦看起来跟我一样亢奋，他把我抱到胸前开始行动。

我越来越少打电话回家，每次也说不了几句话就挂了。自从上次马克想要说服我的努力失败之后，他看起来已经放弃说服我而接受现实了。此外他开始有了新的担忧，十二月有一次我们打电话，他对我说："苏茜，你已经在维加斯待了很久了。"

听到他的话，我已经做好准备，接下来不管他说什么，我都要反击回去。

"那里的房费非常贵，这钱花得太不值了，你知道你把钱花在什么地方了吗?"他问。

"但工作需要我住在最好的房间，一个顶级应召女郎必须装点一下门面。而且虽然花得多，可我挣得也多啊。"我说。

"是这样，可房费总是越花越多，我们没必要花这么多房费。"马克说。

我等着他接下来的话，不外乎又是我应该及时收手回家。如果他这么说的话我一定会反击回去。

"我们应该在维加斯买套公寓。"我说。

以前我就这样想过，这是劝说马克离开西部生活的第一步，但我知道自己不能直接这么说出来。

"也可以把这房子当成一笔投资。"我接着尝试说服他。

"对。"他嘲讽地说。

但过了几天，马克打电话来，给了我一个惊喜。

"我仔细想过这件事了，我觉得在川普大厦买公寓比较好。"他说。

“你说真的吗？我喜欢死那里了。”

“主要是因为那里比较安全，我们也不用花那么多钱住酒店。希望这笔投资以后能有好的收益，我们也可以用来招待我们的客户。”马克说。

“你什么时候买?”我已经兴奋得不能自已。虽然我很自豪自己在维加斯挣了许多钱，但感觉它们就像假钱一样，我从来没想过拿着它们干什么。除了日常开销外，其余的钱我都放在维加斯家中的保险柜里。

“我已经挑好地方，你可以先去检查一下，如果你觉得不错的话我就买下来。”他说。

第二天我就去看了房子，然后给马克发了一些图片，那一刻我十分满足，感觉这里就像我的归属地一样。也许最终一切事情都会像我想象的那样圆满。

我在跟客户约会时不会委屈自己完成客户的任何要求，只有觉得舒服时我才会去做，决定权在我手里。而且有些项目要额外收费，这些也都事前知会过客户了。我跟马克以前基本上什么花样都玩过，其中有一些我还蛮喜欢的。除此之外我没有道德洁癖，我所考虑的只有怎么让客户满意，让他们实现自己的幻想，所以基本上我都热切回应客户的任何新玩法。但也有一些事情我不会做，没有商量的余地可言。没有人逼迫我，但我感觉自己在慢慢滑向深渊，现在毒品、奢侈品还有跟客户过夜对我来说已经是家常便饭，我需要更多更刺激的事情来提神。这种行为一开始效果还不错。

等到这种行为对我来说也没用的时候，我开始选择告诉客户自己的身份，所以到最后大概有十多个人已经知道我的身份。我喜欢看客户知道我真实身份后惊愕的表情，他们做梦也想不到我是曾参加过奥运会的著名运动员。这个过程中我从来没想过这会给自己的家庭和自己带来什么，我天真地以为客户都会像我一样兴致勃勃。他们大部分都是已经结婚的成功人士，偷偷出来找个应召女郎也会很隐秘；即使那些没结婚的成功人士也不想别人知道他花钱找小姐，更别提这还是违法的。最重要的是我跟熟客之间有一种其他人无法理解的联系，这种联系让他们不会背叛我，我很确信这一点。

马克很快买下川普大厦的那套公寓，我随时可以搬进去。我非常喜欢住在这里，拥有维加斯的房子是达到我的梦想的另一步。我很快就跟周围的邻居成为朋友，我甚至跟见到的每个人都热情地聊天，我滔滔不绝地说着，心里从来没想过自己是不是说错什么话。

一天晚上见完一个新客户后，我的手机响了。这是我的另一个来自圣迭戈的熟客。我嘴角露出笑意，以为他给我发了什么露骨短信，或者要告诉我他这个星期会来维加斯。但等我打开手机内容却是这样："一个网站记者发给我一幅图片，说是从你房地产经纪公司的网站里找到的。"我看后立马给对方打过去，拨电话的时候，手都有些颤抖。

"发生什么事了？"一接通电话我就问。

"真奇怪，一个家伙自称是什么网站的记者，他问我在维加斯认不认识一个叫凯利的女郎，我还没来得及否认，他就说他在网站上看到我对你的评价，他确定我见过你。然后他就给我发了这幅图片让我确认是不是你。但我看图片里这个女的不叫凯利，她叫苏茜，好像是麦迪逊的房地产经纪人。可我觉得你跟这照片里的人长得一样。"

"你说什么了吗？"我紧张地问，感觉胃开始抽搐。我知道色情评论的会员可以在网站上交换姑娘们的信息，这个记者很容易就能混进来弄到这些信息。

"我什么都没说，也没回他电话，先告诉你了。"他说。

“谢谢你。”我很感动，感激自己有如此多忠实善良的客户。我还是可以扳回局面，我知道自己可以的。

“跟他说不是我。”我说。

“好的，我会的。”他说。

从他的声音里能听出来他有点莫名其妙，也有点紧张他花钱买春的事情会被捅出来，我马上开始安慰他。

“谢谢你，很抱歉你被卷进这些事来，没事的，放心吧。”为了向他证明我一点也不担心，我还问他，“你什么时候回维加斯？”

打完电话后我就把这件事抛到脑后，一点也不担心事情会恶化。现在回想起来感觉有点不可思议，但当时我就是这么做的，我以为事情这样就结束了。我从来没想过那个记者可能联系更多给我评论过的客户，最后消息会泄露出来。但我更担心的是马克的反应，所以直到第二天我才打电话跟他提这件事。

“马克，有个客户打电话告诉我，有个记者向他确认我是不是苏茜。”我说。

“你什么意思，这个人是谁？”马克的声音听起来非常恐慌。

“别担心，这个人是我的熟客，我让他告诉那个记者他认错人了，没事的。以防万一我会打电话告诉布里奇特这件事情，放心吧。”

“如果记者真的确认了你的身份的话，布里奇特也帮不上什么忙，我真想不到自己刚买了那套公寓，现在事情又发生变化。”

一想到可能失去这套公寓，失去自己在维加斯的梦幻生活，我就怅然若失，我要迎击任何可能的威胁。

“我不会让这个家伙称心如意的，没事的，其他知道我身份的人不会把这件事告诉别人。我们不用担心这些事情。”

马克听起来不怎么相信我说的话，其实我自己也不相信自己说的，但我已经没有办法，我不想停下，也不想回家。我感觉自己已经进退维谷。那天晚些时候客户打电话告诉我，他已经按照我的意思跟那个记者说了。他的声音听起来还是有些紧张，并且他说自己近期都不打算再来维加斯休闲度假。我告诉他如果他什么时候回来，我会给他回报。

虽然我很自豪自己不靠马克就能处理这一切，但这件事一直在我脑海中挥之不去。第二个星期里，每当我的电话响起时我都感觉有些心惊肉跳，担心会是另外一个客户打电话告诉我有人向他确认我的身份。我还担心那个记者会直接联系我。每次马克打电话或者给我发邮件，我都害怕是关于我的事情已经登报暴露了。没客户的时候我就瞎想，如果我的双面生活最终曝光的话该怎么办。但大多时候我在思考，如果不能做这份工作了，那我以后该做什么。

我比以前更加忙碌和疯狂地投入到工作中，基本上不停地接待新客户，疯狂购物来缓解自己的压力。等这些都没效果的时候，我甚至会去酒吧诱惑男人，有些在遇到我之前都没想过要花钱找一个应召女郎。日子一天又一天过去，让我提心吊胆的电话没有再打过来，我把这一切都抛之脑后。我以为自己已经成功摆脱困境，现在一切又回到原来的轨道上。

≈fast girl≈

听着狂野的音乐声，我感觉自己再次复活，没有乏味的对话，没有对苏茜身份穷追不舍的探究，只有快乐。我希望变得快乐，所以完全沉浸在那个氛围中，甚至拉了两个观众到台上跟我一起跳。我随着音乐的节奏扭摆，摇动自己的臀部并把双手高举在头顶上，从在场每个男人的眼里可以看出来，他们好像在脱我的衣服一样。

≈≈≈≈≈≈≈≈

19

我的真实身份

公司打电话告诉我，我跟另一个姑娘受雇参加一个高尔夫球活动。这听起来很有意思，比较新鲜，而且这种竞争性的体育运动会唤醒我作为运动员的基因。

“日薪只有五百美元，我知道这比你平常的身价低多了，不过只要你能成功钓到那个打高尔夫球的人，让他包你过夜，就可以赚回来。”联系人对我说。

那天跟我同去的另一个人是布里安娜，我之前跟她一起陪客户玩过，现在已经成为朋友。她最让我敬佩的就是她还要供养她的母亲和男朋友。我们得知主办方每年都会请两名女郎来暖暖场，但去年的两人表现十分糟糕，让主办方的客户非常不满。今年换成我跟布里安娜来这里，我们下决心今年一定要博得客户欢心。

“今天要让他们玩得乐不思蜀。”我说。

我穿着一件无袖的超短裙了，上身只穿着一件蕾丝胸罩，除此之外什么都没穿，我觉得自己看起来既性感又自由。我们一到高尔夫球俱乐部就开始工作。看到我即将要陪的客户后，我非常激动，尤其是其中有个人酷似帕特里克·德姆西，他看起来风度翩翩，简直就像真人一样。

“天哪，你看起来跟那个演员长得一模一样。”我说。

他大笑，拿出一张他跟德姆西合影的照片。

“你是他的替身吗？”

“不是，我们只是长得像，我是私下见到他的，然后拍了这张照片。”他说。

他不可能是电影明星，但看起来真的好像，我完全被他迷住了，所以主动坐上他的高尔夫球车，有个人对布里安娜很迷恋，所以布里安娜坐上他的球车。我们的工作就是在高尔夫球赛时陪这些人玩，不让他们感觉无聊，我们要开着球车到处转，跟其他人碰头，然后跟他们聊天调情。我对这个活儿十分擅长。

我那天背着我的LV包包，随身携带着避孕套，我其实不打算用它们，但有备无患。布里安娜不像我一样准备周全，她没有带避孕套，所以问我：“你带套套了吗？”

“给。”我拿出一个给她。

当我们开向第三个洞时，那个酷似电影明星的人已经被我迷住了，我对他有了更多了解，原来他在洛杉矶工作，从事电影方面的工作。每当我接待的客户是成功人士时，我都欲望高涨。在往前开到第四个洞时，他直接把车开进一片小树林，那里有一个大土丘可以挡住人们的视线，我们停在一棵树后面，没人能看到我们。然后我拿出一个套子，我们在球车上做完，很快就结束，然后穿戴整齐，没人看见我们在干什么。天啊！光天化日之下跟人做这种事情是我以前从未有过的经历，现在我觉得这十分正常，没有任何顾虑或羞耻感。

大白天做这种事情，我感觉异常刺激，容颜焕发。男人们的眼睛都盯着我看，这进一步鼓励我采取行动。下一洞时我跟布里安娜一起在那个长得像德姆西的人面前弯下腰，露出里面的风景，想看看他的反应。他每一杆都没打好，让我们的客户哈哈大笑。

第六洞时，那个酷似明星的人把球打飞进树林里。

“来帮我找找球。”他说。

然后我们在树林里又发生关系，说实话不怎么舒服，但是非常刺激和危险。我的欲望越来越大，甚至就在做这种事情时都不能让我平静。那天早晨在来高尔夫球赛之前我一直反复在听亚瑟小子的《麻木》，每次在陪客户时我都喜欢放这首歌，歌词在我脑子中反复回响：“让我们一起麻木”。最后一洞时，我和布里安娜一起躺在草地上，双腿打开，好像他们在玩成人版的迷你高尔夫，而我们就是障碍物。

打完高尔夫之后，我们要坐三十分钟的车返回维加斯城。布里安娜坐在我旁边发短信，我打电话给马克。我高兴得忘乎所以，口无遮拦地告诉马克所有事情而丝毫没有后悔。

“马克，你知道我今天干吗了吗？我今天跟朋友一起去参加高尔夫球活动，有个客户看起来长得就跟帕特里克·德姆西一样，他马上就喜欢上我。还不到五分钟他就拉着我进了小树林，我们俩在高尔夫球车上发生关系。后来我们又做了一次。最后我跟另一个姑娘一起不穿内衣裤地躺在草地上，想要在男人们打球时分散他们的注意力。”我滔滔不绝地说，丝毫没有考虑马克的情绪。

马克挂断电话，我当时太兴奋，一点也不在意这些事情。如我们所料，喜欢布里安娜那个人给她打电话，我为她高兴，但自己那边却一直没动静。过了一会儿我的手机也响了。

我在那个人房间里待了大概三四个小时，最后拿到两千美金。我已经完全麻木，不知道自己在干什么，那一刻我只是一具被欲望控制的肉体而已。

那晚中间休息时，我赤身裸体地躺在床上喝着一杯红酒，突然莫名的情绪将我笼罩，如果今天跟这个男人发生的事情以及我在过去十一个月的所作所为还有身份曝光后会有什么后果都一齐向我袭来，我又回到现实生活中，成为苏茜，然后就忍不住开始痛哭。

那个人看起来有点吓坏了。

“你怎么了，没事吧?”他问。

“很快你就会知道我的真实身份了。”我说。

“什么意思?”他听上去很好奇。

“我不能告诉你，不过很快你就会从新闻上看到。”我说。

我不知道自己为什么要哭泣，内心里我还是不能相信自己的事情最后会曝光。那一段时间我的行为越来越疯狂，而潜意识里逃避现实不去想这个问题。

五分钟后那种感觉消退，我又重新成为凯利。过了一会儿我就走了，他保证以后会常联系我。

那之后没几天，马克和凯莉就飞到维加斯来，我们一家三口在川普大厦的公寓里一起过感恩节。我很高兴他们来到这里，参观我的新家，我站在大厅的电梯前等着他们。

“好棒，我们家里都没电梯。”凯莉说的话把我们逗得哈哈大笑。

“你可以摁一下按钮。”马克说。

凯莉跑过去把所有向上的按钮都按了一遍，然后趴在玻璃壁上看着电梯上升。上楼后凯莉在走廊里来回跑，这儿看看，那儿瞧瞧。进屋之后她立即被巨大的玻璃墙吸引住了，站在那儿看外面的风景。

“哇，站在这里可以看到外面的一切。”她说。

我在附近给凯莉找了一个地方上体操课，她一到那里就喜欢上那个地方了。我只要打电话给布里奇特，她就能安排好一切，我还从她那里拿到仙妮亚·唐恩的演唱会门票，我带着凯莉去看了演出，就在赌场旁边不远处。第二天我带她去时尚秀购物中心买东西，为了弥补自己对她的亏欠，只要凯莉看上的东西我统统都买给她。我在向家人炫耀自己的新生活，我想向他们证明自己可以给他们什么。

马克的父母也从马里布赶来见我们，我们一起在一家高档餐厅里过感恩节。家人和公婆都在维加斯一点也不让我感到紧张。虽然我的双面生活见不得光，我觉得自己可以处理任何事情。那天吃晚饭时，我跟马克假装关系很亲密，没有任何争吵。见到凯莉让我很开心，跟家人在维加斯待得越久，我越想一家三口都能在维加斯定居。我跟马克之间的关系虽然有点紧张，但也说不上不愉快。这次是我们家最后的快乐时光，之后的很长一段时间我们家都为阴云所笼罩。

我趁马克在维加斯时，向他说出我的想法。

“我觉得你真该到维加斯来，”趁他反驳之前，我把所有理由和好处都罗列出来，“凯莉很喜欢这里的体操班，在这里也有人会很好地照顾她，她很喜欢这间公寓还有游泳池和各种演出。我们可以送她去私立学校，我们一家在这里可以生活得很快乐。”我一口气说完。

“那我的事业呢?”马克问。

“你可以辞职来这里发展，在川普地产找一份工作，你这样优秀的经纪人在哪里都很抢手。”我说。

马克重重地叹了口气。

“我们不会搬来维加斯。”他说。

“可是，马克……”

“你想住在维加斯就住在这里吧，但我不会来这儿，凯莉也不会。”

然后谈话就此终结。

其实我之所以想要让他们俩搬过来，更多的是因为我不想再回到麦迪逊。可能说起来有些荒唐，但那个时候维加斯对我来说比家庭更重要。即使马克和凯莉还在维加斯时，我还是照常不误地参加以前的活动，比如喷雾晒肤、美甲沙龙，为一双鞋或衣服一掷千金。那时候我一天会见好几位客户，有时候公司没有安排足够客户时，我还会去酒吧接私活。我必须让自己动起来，而工作就是唯一能满足我的方式。

摇滚马拉松赛事的组织者再次邀请我参加他们2012年的半程马拉松比赛。那是感恩节过后几天，我还被邀请作为赛事电视解说员解说该次赛事。我很喜欢这次比赛，过去几年以来，我也参加过一些赛事解说或者专业解说，一些业余跑步爱好者会咨询我关于跑步的问题，然后还会索要签名。重回体坛对我来说十分熟悉，能够站在罗德·迪克逊、弗兰克·肖特和吉米·莱恩等体坛巨擘面前，我十分荣幸。当我心态正常时，我觉得参加这样的活动露一下脸十分有意思而且回报颇丰。但今天却不一样，我感觉十分不舒服，曾经在我眼里十分有趣的场景现在看来十分无聊。我已经受够了苏茜的角色，想重新变回凯利，回到灯红酒绿的维加斯。

我要变回凯利，只有这样我才能感觉自己真正活着。而现在我却在这里，站在台上整天夸夸其谈，重复那些狗屁不通的东西。

即使大群粉丝涌到我的面前，热情地跟我打招呼要签名和拍照，也没有让我感受到那种亢奋的感觉。这当然也很好，只是不是我想要的。现在只有钱、爱慕和性才能让我感觉更好。还好，在这里赛事主办方让我按自己的性子做事，主办方很喜欢我的活力和无拘无束的样子，我代言的其他公司比如迪士尼和富乐客也都很喜欢我的风格。没有像往常一样进行无聊的演讲，今天我想给现场的跑步者一点有活力的热身运动，虽然我今天的穿着实在不适合运动。我给了现场 DJ 一张碟，等现场开始播放着我熟悉的音乐时，我跳上舞台。看着台下黑压压一片的观众，我开始以热舞吸引观众的注意，所有人的目光都被我吸引。

听着狂野的音乐声，我感觉自己再次复活，没有乏味的对话，没有对苏茜身份穷追不舍的探究，只有快乐。我希望变得快乐，所以完全沉浸在那个氛围中，甚至拉了两个观众到台上跟我一起跳。我随着音乐的节奏扭摆，摇动自己的臀部并把双手高举在头顶上，从在场每个男人的眼里可以看出来，他们好像在脱我的衣服一样。跳舞的时候我扫视全场，我看到马克和凯莉，这是我们一家三口第一次一起参加这个活动，我一时心血来潮想要让凯莉跟我一起跳。所以我走到舞台旁把她抱过来，马克的脸当时就不太高兴，他不喜欢我这么做，我想。但我不在乎他，现在整个城市的男人都在崇拜地看着我，无数男人都愿意为我一掷千金。我围着舞台转，一边摇臀摆腰。凯莉也很喜欢这种氛围，笑着跟我学跳舞，她年纪还太小，不明白男人们目光中的欲望，也看不到人们给予我的责备的目光。歌曲一结束，马克就走过来把凯莉抱走，然后两个人马上就离开了现场。我当时已经被欲望控制，不明白马克其实是想保护凯莉，而只有尽量切断跟我的联系才能保护他。当他们不在身边的时候，我感觉自己变回凯利更自在了，这才是我想要的。

我一离开舞台就被一群狂热的粉丝包围住，我一边跟他们聊天开玩笑，一边拍照片。其中有两个男粉丝特别狂热，他们俩是玩音乐的，基本上会参加我的每次比赛。他们费尽全力挤到前面，我很享受他们的狂热崇拜，他们俩走到我面前紧紧抱了我很长时间，这也很好，我喜欢这种被崇拜的感觉。

“我要回酒店了。”我很高兴摇滚马拉松的主办方给我包了一个星期的酒店，因为最近我跟马克的关系又有些紧张，而且我不想以应召女郎的身份出现在马克和凯莉面前。

“我们陪你一起吧。”其中一个男粉丝说。

然后我就穿着一身亮眼的蓝色套装走在两个粉丝中间，穿过商业中心和赌场，我感觉路上的所有人都把眼光放在我的身上，这让我很得意。帕拉佐酒店因为比赛已经人满为患，我们好不容易才穿过人群，等最终挤到电梯跟前时，我的手机收到一条短信，又有新客户。所以我得努力摆脱旁边这两个粉丝，我跟他们道别后走到一个安静的地方看短信。是吉米，那个带我去喝一千美金一瓶的红酒，还给我买奢侈品的老绅士，我当时脑子里想的就是尽可能长时间地跟这个世故有钱的老男人待在一起。我没有丝毫犹豫，马上跟他约好时间。

≈fast girl≈

泪水从我的脸上滑落，打电话的时候我抬头看着浴室镜子中的自己，心里很迷茫这个躯体里的人究竟是谁。我以前很反感马克让我小心的言论，但现在事情发生了，我又迫切需要他的帮助。自从我们开始约会以来，他就一直是我的后盾和支柱，会为我遮风挡雨，处理好一切事情。虽然我走上现在这条路或多或少也是为了摆脱他对我的影响，但现在我愿意做他告诉我的任何事情，只要能挽救局面。

≈≈≈≈≈≈≈≈≈

20

烟枪爆料网

我已经想好该穿什么去见吉米，我要穿那套最喜欢的荷芙妮格套装还有鲁布托的黑色高跟鞋，然后急匆匆地出门站在电梯前等电梯。

“苏茜。”我身后一个浑厚的嗓音响起。

我转头看着这个陌生人，有一种很怪异的感觉。这种感觉只有别人认出我的真实身份时才会产生。我不喜欢这种感觉。

我以为这个人是我的粉丝，想要找我签名合影，但我现在没心情迎合粉丝。但等我仔细打量一下这个男人之后，我发现事情有点不大对劲，一种不祥的预感爬上心头。马克几个月以来一直在告诫我的事情终于发生了。一开始我根本不相信自己会暴露，疯狂让我有一种无敌的感觉，以为没有任何东西能打败我，所以我把马克的忠告抛之脑后。我努力挤出笑容来面对这个男人，虽然他脸上冰冷的表情让我有些刺痛，那表情带有一副道德批判的优越感，好像在说终于抓到了我的丑态。

“我叫威廉·巴斯托内，能跟你聊几句吗?”他说。

我突然感觉很害怕，马克是对的，我知道这个人是谁了，他就是联系我的客户询问我是谁的那个“烟枪爆料网”（The Smoking Gun）记者。现在他就站在我面前，我内心非常恐慌，感觉肚子开始翻腾。这一切是真实发生的吗？我很擅长否认事实，也善于为自己的行为找借口。虽然我知道他的名字，他脸上那副骄横和自以为是的表情也深深刺痛着我，我还是幻想他会问我一些问题，然后我会误导他，这件事就这么结束。我现在甚至还有心情想象跟吉米的约会，心里抱怨他打断了我的计划。但当看到他带着威胁的眼神，一切都昭然若揭，这个家伙已经成竹在胸，他从东海岸的办公室飞到这里来就是为了找我，他已经确认我的真实身份。他似乎觉得自己已经站在道德制高点上，有资格对我冷脸相对并看不起我。

“我们能聊聊吗？你对我说的任何话都不会被报道。”他说。

“好的。”我说，并努力想让自己镇定下来。我内心乱成一团乱麻不知道该怎么办才好，但外表还是假装很坚强的样子。“我们去赌场那边说吧。”我提议。

巴斯托内点点头，我跟他一起向赌场的阳台那里走去。他在后边紧紧跟着我，我内心里开始盘算一会儿怎么开口向他说自己编造的故事，我很早就打算这样做。一离开人群，我就有一种拔腿就跑的冲动，我竭尽全力才站在那里，外表一副很平静的样子。我能说服眼前这个人吗，大概吧，我现在是凯利，充满自信，感觉自己能够掌控一切事情。我告诉自己，不能让他毁掉凯利的美好生活。我感觉自己还有一丝微弱的希望，生命中的其他事情都已离我而去，只有凯利还在，我要为凯利的身份勇敢抗争。

“我已经知道你的身份，也知道你现在在维加斯干什么，你就是凯利。”巴斯托内坚定但却带着一副心不在焉的表情说道，声音里没有一丝感情。

并且他很快拿出证据证明自己的话。

“我们已经把你参加摇滚马拉松的行程跟凯利的行程做过对比，不管是在维加斯还是其他城市都是一样的。”他说。

我其实从没在他说的这些城市跟客户约会过，但当时公司询问是否能用这作为噱头吸引更多顾客注意时，我同意了。当时我不会想到这会被有心人注意到。“有一个人匿名联系我们，告诉我们你就是凯利，我们有你以凯利的身份出现的照片，我也联系过你很多位客户，当我把你日常的照片给他们看时，他们都说，你就是跟他们睡觉的凯利。”

*天哪，我简直不敢相信眼前发生的一切。我必须保持冷静。*但在我从事应召女郎这份工作一年多来，我首次为自己所做的事情感到难堪。我的生活即将被毁掉，我的心不断下沉，“这真是太荒谬了，你说错了，你根本不知道发生了什么”。我用一种镇定的腔调对他说，努力装得很冷静。

我强迫自己直直地看着他的眼。马克的忧虑虽然让我反感，但夜深人静自己独处的时候，我也想过如果遇到这种问题该怎么办。“我有一段婚外情，告诉你我是凯利的这个男人在撒谎，他想要我嫁给他，我没答应，然后他很生气，就这么报复我。”这就是我想到的办法。

看到他提供的证据之后，我就知道这个办法不会奏效，但我还是要说出来，哪怕尽最后一丝努力。

“你说的我一点也不信，是你在撒谎。我已经看过你的网站，也跟你的客户聊过，就是你。”他很坚定地说。

我已经习惯人们奉承我、赞美我和对我好，他们会给我买酒喝，买各种珠宝首饰，说我是多么美丽和性感，是他们碰见的最为迷人的女人，如果他们的妻子能像我一样就好了。而现在，我能感到这个男人在当面羞辱我，他看我的样子好像感觉我很脏，脸上带着一副傲慢的表情。我不想再看见这个人，可还要强迫自己面对他：“听着，我们回我的房间聊聊好吗？”

“不行！我是不会跟你回房间的，你死了这条心吧。”他后退几步，略带嫌恶地对我说。

他对我怒目而视，我才意识到他可能曲解我的意思了，他以为我要色诱他，虽然我会对客户搔首弄姿，但我不会色诱眼前这个人的，我只是想说服这个人从我的角度理解这个问题。“我们可以去除你房间之外的其他地方坐下来谈谈。”他说。

“我现在没时间。”我说。

“我明天下午要飞回纽约，那就把时间定在明天上午吧，你给我一个声明，这会减轻对你名誉的伤害。”他说。

*他说什么？他马上就要毁掉我的生活和家庭，然后还假惺惺地说减轻对我的伤害！*那一刻我感觉很恶心，但还是点点头，我们约好见面的时间地点后，我就离开。

回到自己的房间，我不知道是不是该打给马克，虽然心里有点抵触，最后我还是拿起手机给他打电话。我已经别无选择。打电话的时候我感觉自己的手有些颤抖，电话接通后我都不知道说了些什么，最后我好不容易才零零碎碎地说完整件事情。

“你说对了，他真的找到我了，赶快过来吧。”我说。

泪水从我的脸上滑落，打电话的时候我抬头看着浴室镜子中的自己，心里很迷茫这个躯体里的人究竟是谁。我以前很反感马克让我小心的言论，但现在事情发生了，我又迫切需要他的帮助。自从我们开始约会以来，他就一直是我的后盾和支柱，会为我遮风挡雨，处理好一切事情。虽然我走上现在这条路或多或少也是为了摆脱他对我的影响，但现在我愿意做他告诉我的任何事情，只要能挽救局面。

马克会带着女儿离我而去吗？我该怎么向自己的父母、姐妹还有公婆说这件事呢？他们会跟我断绝关系吗？他们永远不会理解我的世界和我的内心，也不会理解我身为凯利活得多快乐多有生机。我手里抓着手机，跌坐在地上，然后蜷成一团痛哭流涕。*帮帮我，我心里哭喊，帮帮我吧。*

过了一会儿，我起身在屋子里走来走去，直到马克敲门。他走进来的时候，我从他的动作里就能看出他的意思：我早就告诉你了。我受不了马克现在这样的反应。

“不要那样看着我！”我尖叫。

我不想在凯莉面前这么失态，她跟马克一起进来的。但现在我已经顾不了那么多。

“冷静一下，那个人说什么了？”

我把巴斯托内说的都跟马克重复了一遍。

“他的报道会毁了你。”马克说。这不是我现在想听到的消息，我是让马克来帮我摆脱困境的，可他却说已经没有办法。我现在无比讨厌他，他救不了我，*而且他根本不想救我。*脑海里只是不停地回荡着那句“我已经告诉过你，我已经告诉过你”。一定会有办法的，我心里绝望地对自己说，我在屋里来回走着，希望能找到一个办法。

“你能冷静点吗?”马克说。

我看都没看他，只是不停地来回走。

“你能冷静点吗？苏茜。”他重复。

他的话只能让我更烦躁。

“我怎么冷静！我的生活就要被毁了。”我说。

马克牵着凯莉的手向门口走去，我感觉自己马上就要崩溃。“你们去哪儿?”我尖叫，一想到自己要一个人待着就很害怕。

“我带凯莉回公寓，你这副样子不应该让凯莉看到。”

马克领着凯莉出去，把自己的情绪控制得很好。

“跟妈妈说晚安。”他说。

“晚安，妈妈。”她说。

看着女儿那张甜美的小脸，再想到眼前发生的事情，这简直让我绝望。他们走后，我看着空荡荡的房间，觉得自己今夜肯定无法入睡。我现在也没心情继续跟吉米约会，所以我发短信告诉他取消安排。

以后的日子里，马克告诉我，他那天领着女儿出去时努力向她解释我为什么会那样：“妈咪的大脑有时候会出问题，那其实不是你母亲的真实样子。”我独自躺在房间的大床上，脑海中浮想联翩。我不想失去维加斯的精彩生活再重新回到枯燥的麦迪逊。如果事情真曝光，我会失去自己的家庭和孩子，这样还不如去死。然后我突然之间就有勇气和力量面对明天的会面。

早晨九点，我走进会面的星巴克，巴斯托内已经坐在一张桌子旁等我，他看起来心情不错，但看我的样子还是跟一天前一样带着鄙视。

我走到他跟前，掩盖自己的绝望和无助。

“我去买杯茶。”我说。

我手里拿着一杯茶跟他坐在外边的长凳上，感觉胃开始抽搐。

“听着，我们今天谈的都不会公开报道，但不管你喜欢不喜欢，我都在写关于你的报道。”他说。

马克已经开始着手处理这件事情，他马上撤下我应召女郎的网页，还把我们俩公司网站上有关我的照片都删掉。网上能找到的关于我的照片他也全都要求删除，特别是那些我怀抱凯莉的照片。我们主要担心这件事会对凯莉造成影响，所以我们想办法保护她避免受到冲击，尽最大努力让凯莉的生活不受影响。马克在房地产经纪公司有一个很信任的经理，他打电话把这件事告诉他，因为等新闻流传开来，所有人都会知道这件事，所以马克事先知会他们大体情况，让他们有个心理准备。

“苏西会辞职，有些不好的事情发生了，这样对大家都好。”马克说。

经理出于好心建议我可以有限度地继续在公司工作，但马克知道等事情曝光后这一切都将不可能。

“相信我，她必须辞职。”他说。

≈fast girl≈

现在的我非常暴躁，极其敏感，感觉整个世界都开始崩溃。我想找个人指责，觉得马克该为这一切负责，他一直想要控制我，让我不要做应召女郎。是他把我逼到现在这个程度，我恨他。在接下来十五分钟里，我们俩就开始相互指责，他把车掉头往回开，现在的氛围已经不适合去徒步。我使劲把身体往另一边靠，想要离他远点儿。真希望这个噩梦能早点结束，泪水从我眼中汹涌而出，我哭得全身颤抖，除了痛苦之外什么感觉都消失了。脑子里只有一个念头：让这一切都结束吧，赶快结束吧。

≈≈≈≈≈≈≈≈≈

21

曝光

我们最后终于猜出是谁泄的密，有一个熟客几次想要跟我约会都被我拒绝了，他感觉很受伤所以通过这种方式报复我。虽然猜出到底是谁泄密，但这对局势的发展没有丝毫帮助，也无法知道事情曝光后会发生什么。马克已经采取他能想到的所有手段减轻这件事会对女儿和生意造成的影响，但还有更加难堪和尴尬的事情要面对——把这件事情通知我们的父母。

马克打电话给他父亲："我们有些事情要跟你说，不管接下来你会听到什么，请支持我们。"马克的声音有些发抖。

马克如实向他父亲说出事情原委，并且保证这不是开玩笑，但两位老人还是无法相信马克所说的。等他们最终接受事实时，他们震惊和愤怒到无以复加。

"她脑子里到底在想些什么？怎么会发生这么荒唐的事情？"马克的父亲

问道。

“我知道这让人很难接受，”马克的眼眶里有了泪水，“真对不起，父亲。我以为这件事永远不会曝光，所以帮助隐瞒这件事情，没想到现在要曝光了。”

我父母的反应更为激烈。他们住在小地方，每家每户的家长里短大家都知道，这件事情曝光带给他们的羞耻将是永远无法消除的，直到今天想起这件事情我还感到非常内疚。而且我在威斯康星知名度非常高，所以这件事在那里会更引人关注，会长期占据封面头条。所以他们一如既往地担心他们的面子和我的面子问题。更让他们失望的是，我以前一直是让他们最为骄傲和自豪的小女儿，现在却发生这种事情。

“你是不会干出这种事的。”我父亲说。

“我知道，父亲，真对不起。”我说。

“我们马上就要睡觉了，明早我再告诉你妈，我不想她今晚担心得睡不着。你现在在哪儿，安全吗，马克有没有陪着你?”父亲问。

“很安全，马克就在身边。”

确认我没事之后，父亲告诉我我应该把头发染一下，然后化名带着凯莉去其他国家住一段时间。我没有回答这个问题就挂断电话，知道这样做于事无补。发生的这一切对凯莉来说会非常残酷，但我跟马克都已经尽力保护她，我很感谢马克这个时候能站在这里为我处理一切。

两个星期后的 12 月 20 号，我们住在马克父母家，准备在这里过圣诞节。我每天很早就起来跑步，从山上跑下来沿着海岸高速跑到星巴克喝杯茶，吃块自己喜欢的草莓馅饼。当我站着排队的时候手机响了，是马克打过来的：“你现在马上回家。”他说。

“怎么了？”我问，还没有意识到发生了什么。

“事情曝光了。”他说。

排着的队伍继续前进，我前面一个男的浏览着自己的手机，然后快速看完一条新闻后抬头打量着我，脸上露出戏谑的表情。

我转身走出星巴克，一路飞奔着跑回马克父母家。接下来的日子我一直处于麻木状态，不知道周边发生什么，不知道马克在偷偷背着我处理每天涌进我们邮箱的上百封邮件，其中既有像CNN（美国有线电视新闻网）和菲尔博士脱口秀这样的知名电视采访，也有成人电影公司的邀约，更多的则是数不清的恐吓信和谩骂邮件，马克已经悄悄都删除了。但有时候也会有遗漏，有封邮件骂我是婊子、妓女，诅咒我会下地狱，说我应该跟我哥哥一样马上自杀。马克的父母对这件事情也很关注，他们会整小时地看福克斯或CNN的电视报道，我的大量性感照片被一次又一次地循环播放。面对这种情况我不知怎么回事，表现得很镇静。

但第二天起床后，这种镇静消失了。我脑子里悲伤地一遍又一遍地重复两个字：婊子。我让父母、丈夫、家庭以及整个威斯康星州蒙羞。如果我死了大概对所有人来说都是一个最好的结果。我没有跟马克说这些事情，但我知道他能看出来我的状态不对。最后他走到我跟前，语气很轻柔地跟我说：“我们去徒步登山怎么样？出去透透气。”

把凯莉交给父母带，我们开车去二十英里外的地方徒步。今天天气非常好，明媚的阳光在蔚蓝的水面上跳跃，轻柔的海风唤醒身上的每一个细胞，但这些都不能让现在的我提起精神。马克跟我说了些什么，但我没注意听，现在的我非常暴躁，极其敏感，感觉整个世界都开始崩溃。我想找个人指责，觉得马克该为这一切负责，他一直想要控制我，让我不要做应召女郎。是他把我逼到现在这个程度，我恨他。在接下来十五分钟里，我们俩就开始相互指责，他把车掉头往回开，现在的氛围已经不适合去徒步。我使劲把身体往另一边靠，想要离他远点儿。真希望这个噩梦能早点结束，泪水从我眼中汹涌而出，我哭得全身颤抖，除了痛苦之外什么感觉都消失了。脑子里只有一个念头：让这一切都结束吧，赶快结束吧。

一个新的想法出现在我脑海中：我现在打开车门冲出去，让自己的身体在沥青马路上翻滚，然后后面的车飞驰过来将我撞飞，这样一切瞬间就会终结。让我死吧。我身体越发往一边蜷缩，把头靠在车窗上，手摸到车门开关打算跳出去。马克转头看到我的举动后立即踩刹车，惯性让我先朝前面的仪表盘撞过去，然后又回到原来的位置。

“你在干什么!”他大喊。

我只是把头埋在手臂里放声痛哭，马克把车开到一边。

“我应该带你去看看精神科医生吗?”马克的声音听起来很困惑，“去哪里呢?”

一月份时，我被确诊患有躁郁症。

≈fast girl≈

我想要跟别人分享自己的故事，我想要获得勇气继续战斗，我想向世人，尤其是我女儿说明：人要为自己而活。即使生活中你陷入绝望和黑暗，只要有爱和希望就会重回光明。我希望凯莉永远不会陷入黑暗之中，但即使她真的陷入黑暗之中，我也会一直陪伴她，并告诉她，不管她做了什么都无须感到羞愧。

≈≈≈≈≈≈≈≈≈

尾声
进展

这是一个清爽的早晨，秋风徐徐，一个小时前，我送凯莉去上学，现在我准备做自己的事情。我很享受这一刻，秋风吹起我的秀发，感觉就像大自然的呼吸一样。

我现在跑步无拘无束，只为了兴趣跑步，不掺杂任何功利性因素。而且现在我不止跑步这一件事情可做，还有其他比如说踩单车、练瑜伽等等，锻炼是我现在新的精神寄托。

当双脚踩在地面那一刻，我感觉很平和，感觉我是自己人生的主宰，过着自己渴望的生活，而不是别人想要我怎样做或我为自己的幻想营造的生活。现在的生活当然远非完美状态，但却让人感到满足，对此我非常感恩。

我现在对生活中的点点滴滴都充满感激，比如送女儿上学、与家人共享晚餐、在厨房里一边做烤饼一边跳舞，我十分珍惜这些平淡的瞬间。我很感激在我人生最艰难的时刻马克义无反顾地站在我身边，说实话我心里一直在想，是不是马克对我的爱远超我对他的爱。我的所作所为几乎毁了我们的家庭和我自己，但马克一直在帮我遮风挡雨，给我力量撑下去。在我确诊后，他积极陪我治疗，学习关于躁郁症的知识以及该如何对待病人。有时候我病情复发，马克也会耐心迁就我，告诉我必须忘掉原来的自己才能过上新的生活。没有马克，我不会有勇气面对这一切，没有他的爱，我恐怕也等不到确诊的那一天，只会沉湎于刺激行为和欲望之中，越陷越深，直到毁灭。躁郁症需要发泄，性、毒品、酒精还有危险行为都能满足躁郁症发作时在心里燃起的欲望之火。

光确诊并不能治好我的病，确诊之后的求医之路才是最艰难的部分，不管是对家庭还是对我来说都是如此。即使服用能让大脑镇定的利必通，一开始也掌握不好剂量，直到几个月后才确定有效剂量。最后在一个医术高超的心理医师团队的帮助下，我们找出激发我疾病的原因：我的工作、家庭还有婚姻生活的一些小方面。我开始正面处理这一切，补齐自己作为应召女郎该交的税，向所有客户宣布自己永远退出这一行。我们制定计划让我尽可能少地接触负面新闻，避免疾病发作。而且我发现了其他可以让我快乐和感兴趣的方式，那就是高强度的锻炼和旅行，比如跟马克一起户外探险。

在马克的支持下，我开始勇敢地探寻自己内心隐藏的痛苦并治愈它。在马克对我无私的爱的引导下，马克的父母也坚定地站在我身边，为我提供爱和支持，我的家人、朋友和麦迪逊的一些人都向我表达了他们的问候和支持，还有国际上心理健康领域的一些专家和体坛一些名宿都表达了他们的关心，这让我很感动。我知道让父母接受我的所作所为并不容易，一开始他们更关心我的病会导致什么，而不是病本身对我来说有什么影响，但现在他们已经开始了解更多事情，也开始关心鼓励我，他们不会知道这对我来说意味着什么。每当回想起自己生命中得到的爱和支持，我就满心欢喜和感恩，觉得自己十分幸运。

承认自己有病是件很不容易的事情，讳疾忌医本身就跟精神疾病一样会毁灭我们，我现在才明白这个道理。我们家不愿面对现实的传统以及面对事实不愿承认的心态都是毁灭性的。当然我父母不应该为丹的死或我的事情受指责，他们已经尽力了，我们所有人都已经尽力了。精神问题是遗传导致的，这是无法避免的，但对精神疾病的治疗，以前和现在都有方法。即使今天有许多方法可供治疗，还是有许多人没有得到有效治疗，你无须隐瞒自己的病情，也无须为得病而羞愧。

跑步时我感觉全身肌肉都很放松，心态也很平和。现在我十分享受跑步，一点也不在乎跑步带来的关注和压力，以前我觉得自己生来就是为了跑步，现在我却对那种生活十分讨厌。我已经有了新的生活和目标，不再为第一个冲过终点线而跑。我想要跟别人分享自己的故事，我想要获得勇气继续战斗，我想向世人，尤其是我女儿说明：人要为自己而活。即使生活中你陷入绝望和黑暗，只要有爱和希望就会重回光明。我希望凯莉永远不会陷入黑暗之中，但即使她真的陷入黑暗之中，我也会一直陪伴她，并告诉她，不管她做了什么都无须感到羞愧。很长一段时间里，我都在与羞愧和负罪感做斗争，虽然因此给家人带来巨大伤害，我也感到很对不起他们，但我不是有意这么做的。我感觉自己当时别无选择，只能听从自己内心欲望的摆布，这就是躁郁症的力量。

没人喜欢得精神疾病，不过现在我把这段经历看成一种馈赠。如果没得躁郁症，我就不会走上现在这条道路；如果没得躁郁症的话，我也就不会站在这里讲述我的故事，也无法站出来帮助那些正遭受疾病折磨的人，告诉他们我一直与他们同在。

鸣　谢

首先我要感谢我的女儿凯莉，她极富同情心，她的率真和对精神疾病的理解给我力量并让我最终战胜躁郁症。

其次要感谢我的丈夫马克，一直对我不离不弃，并告诉我羞耻是无意义的，完全是浪费时间和精力。

还要感谢我的父母，虽然一直以来他们都没有完全理解我，但他们一直深深爱着我，我也爱你们。

我的公婆达雷尔和桑迪，当我需要你们的时候，你们一直坚定地站在我身边。

感谢戴伊出版社和哈珀·柯林斯出版集团的信任，是你们的信任鼓励我写完这本书。

嘉莉·桑顿，感谢你的支持，你还告诉我，这本书会帮助到那些有需要的人。

我的经纪人妮娜和简，感谢你们对我的帮助。

莎拉·汤姆林逊，感谢你倾听一个躁郁症女孩的心声，还有你一直陪伴着我康复的全过程。我很幸运能够遇到你。

奥蕾莉亚博士是我的医生，来自伯克利大学。她在我最黑暗的一段时间里为我治疗，现在我们是很好的朋友。

比格尔博士是我在圣塔莫尼卡的精神病医生，他确诊我的疾病并帮助我找到治愈方法。

克劳迪娅博士是我在麦迪逊的精神病医生，感谢你对我的关怀。

休伊特博士也是我在麦迪逊的精神病医生，感谢你让我认清自己，将生活中所有的碎片串联起来，以一种全新的视角认识自己。

我的哥哥丹是一个十分仁慈和有同情心的人，我真希望自己小时候能像现在一样认识和了解躁郁症，那就可以避免悲剧的发生。你的事迹会一直活在人们的记忆中，也会帮助更多人摆脱疾病的困扰。

玛丽对我的影响十分巨大，这辈子很庆幸能跟你做朋友。

最后还要感谢所有支持我、鼓励我的朋友们和陌生人，感谢你们没有在不了解我故事的情况下肆意评价我。